VENDA DIRETA

RICARDO MACHADO

VENDA DIRETA

A VITÓRIA DO AUTÔNOMO EMPREENDEDOR

São Paulo
2008

Copyright © 2008 Alaúde Editorial Ltda.
Todos os direitos reservados. Nenhuma parte deste livro poderá ser reproduzida, de forma alguma, sem a permissão formal por escrito da editora e do autor, exceto as citações incorporadas em artigos de crítica ou resenhas.

1ª edição em agosto de 2008 - Impresso no Brasil

Publisher: Antonio Cestaro
Editora: Alessandra J. Gelman Ruiz
Capa: Vivian Vigar
Editoração eletrônica: Vivian Vigar
Revisão: Marcela Roncalli

Dados Internacionais de Catalogação na Publicação (CIP)
(Câmara Brasileira do Livro, SP , Brasil)

Machado, Ricardo
Venda direta : a vitória do autônomo empreendedor / Ricardo Machado.
-- São Paulo : Alaúde Editoria, 2008.1.

1. Empreendedorismo 2. Mulheres - Aspectos
sociais 3. Mulheres - Trabalho 4. Mulheres de
negócios 5. Sucesso profissional 6. Venda direta
7. Vendas I. Título.

08-05804   CDD-305.4

Índices para catálogo sistemático:
1. Mulheres de negócios : Aspectos sociais
305.4

ISBN 978-85-98497-90-7

Alaúde Editorial Ltda.
R. Hildebrando Thomaz de Carvalho, 60
CEP 04012-120 - Vila Mariana
São Paulo - SP
Telefax: (11) 5572-9474 / 5579-6757
alaude@alaude.com.br
www.alaude.com.br

À minha filha Patrícia, maior presente que a vida me deu,
que me ensina todo dia o que é amor incondicional

À minha esposa Mara, pelo amor, companheirismo, apoio e
dedicação constante. Eu te amo

Aos meus pais (*in memorian*) Ely Graça Machado e
Everardo Machado

AGRADECIMENTOS

À Prof. Dra. Noêmia Lazzareschi, que, com seu apoio e dedicação durante minha tese, fez com que a qualidade do trabalho pudesse gerar este livro.

À Alessandra J. Gelman Ruiz, a quem chamo de "sócia" neste livro, pela paciência e conhecimento sem o qual seria impossível esta realização.

Aos vários amigos que me apoiaram, leram, corrigiram e construíram comigo este livro.

Às Vendedoras Diretas, com as quais convivi durantes esses anos, que me ensinaram dignidade, orgulho pelo trabalho, força empreendedora e capacidade de sonhar cotidianamente, na árdua tarefa da luta por uma vida mais justa e melhor, meu mais profundo "muito obrigado".

A Deus, força maior, pela alegria de viver este momento.

SUMÁRIO

PREFÁCIO 13

APRESENTAÇÃO 15

INTRODUÇÃO – Um mundo em mudança.....................................17

CAPÍTULO 1 – O crescimento mundial dos serviços......................21

Produção em massa, consumo em massa.................................21

Crise do modelo 25

O novo tabuleiro do jogo mundial 27

O Brasil no contexto mundial a partir da década de 1970 31

A vez da combinação tecnologia + serviços 39

A importância dos serviços 40

CAPÍTULO 2 – A mulher brasileira no mercado de trabalho 43

O impacto causado pela mulher que trabalha 44

A mulher que vai à luta 45

Provedora da casa 47

Por conta própria: a cultura empreendedora 49

Redes de relacionamento 51

A mulher vencedora 53

CAPÍTULO 3 – Serviços, venda direta e valor......................55

Mercado crescente 55

Negócio com "jeitinho" feminino.....................................57

Relacionamento é valor 58

Prestadora de serviço 59

A qualidade dos serviços 63

A venda direta e o relacionamento como recurso 65

O fetiche do produto 68

CAPÍTULO 4 – O corpo e a aparência como mercadorias da modernidade 75

O padrão da mídia 75

A valorização do corpo 77

A indústria da beleza aquece-se 78

A ditadura da beleza 78

A imagem da nova mulher 79

O culto ao corpo 80

O corpo torna-se mercadoria 82

A globalização da estética 84

A irresistível sedução da beleza 86

CAPÍTULO 5 – Quem é a vendedora direta 89

Entrevistas com as vendedoras diretas 90

Respostas das entrevistas 91

Pesquisa com as vendedoras diretas 97

CAPÍTULO 6 – Depoimentos de vendedoras diretas 109

De mulheres chefes de família com trabalho formal 109

De mulheres não chefes de família com trabalho formal 112

De mulheres chefes de família sem trabalho formal 120

De mulheres não chefes de família sem trabalho formal 131

Sobre a oportunidade de trabalho e realização 138

Sobre ser uma alternativa de trabalho 139

Sobre a importância de trabalhar com carteira assinada 140

Sobre a flexibilidade de horário 140

Sobre a importância de trabalhar 141

Sobre a venda direta ser a fonte de renda principal 143

Sobre a venda direta ser fonte de renda complementar 143

Sobre a venda direta ser fonte de renda rápida e sem muito risco 146

Sobre a compra com desconto 146

Sobre a realização pessoal 147

Sobre a identificação com a empresa que representa 148

Sobre a credibilidade da empresa 149
Sobre a qualidade dos produtos que vende 150
Sobre realização e orgulho 152
Sobre valorização pelos clientes 153
Sobre amizade e relacionamento com os clientes 155
Sobre o futuro do trabalho 158

CAPÍTULO 7 – Considerações sobre as vendedoras diretas 161

A exclusão do mercado formal 161
A necessidade de obter (mais) renda 166
A relação afetiva com os produtos e com a empresa 170

CAPÍTULO 8 – Orgulho, atitude e empreendedorismo 173

Orgulhe-se 174
Inspire o orgulho 176
Orgulho traz sucesso e resultado 178
Para resgatar o orgulho próprio 180
Empreendedorismo, orgulho e resultado 181
O orgulho e a perspectiva do futuro 182
Atitude 183

CAPÍTULO 9 – A vendedora de sonhos e o futuro 185

Referências bibliográficas 191

PREFÁCIO

Este é um excelente livro. Fruto da tese de doutorado em Ciências Sociais na Pontifícia Universidade Católica de São Paulo (PUC-SP), teve como escopo conhecer o trabalho da vendedora direta, no passado – não muito distante – denominada vendedora porta a porta.

O texto que possibilitou ao professor Ricardo Machado obter o título de doutor, com todo o mérito e distinção, priorizou o estudo da mulher que exerce tal atividade. A análise é feita de forma que as questões que subjazem à "identidade coletiva" dessa "categoria profissional" são estabelecidas em nível dos sujeitos.

Não consiste em um estudo de gênero propriamente dito, mas, talvez, com certa malícia, conseqüência da boa colheita dos dados de campo, o autor franquia isso ao leitor, acabando por jogar luz sobre as relações sociais – de classe e de gênero – que permeiam o mundo do trabalho hoje e o levaram a inquirir: "O que leva certas mulheres a tornarem-se vendedoras diretas?"

A temática desta obra obriga o autor a tratar das interfaces e transversalidades entre classe, orgulho pelo trabalho, gênero e empreendedorismo, pois fica evidente na pesquisa que a necessidade de obtenção ou complementação de renda transcende em muito a análise do mercado de trabalho formal.

Passando ao longo de múltiplas faces do trabalho, o autor intercala, com riqueza de análise e pesquisa, tanto as dimensões sociais e identitárias quanto as econômicas. Rejeitando a lógica maniqueísta e as dicotomizações, tão freqüentes nesses estudos, Ricardo Machado consegue uma articulação entre esses níveis analíticos constitutivos do ser social e do trabalho.

Igualmente, o pesquisador aborda a difícil articulação entre família e trabalho, entre trabalho doméstico e empreendedorismo, concluindo que é uma postura de independência, que demanda coragem, certa ousadia e disponibilidade emocional.

Esses são alguns dos dilemas que enredam a mulher vendedora porta a porta. Ela necessita mostrar-se feliz, pois ela vende beleza, ou melhor, felicidade. Mas, caro leitor, será essa "trabalhadora-empreendedora" a única responsável por seu êxito ou por seu fracasso?

Bem, essa já seria uma outra tese, ou talvez, um outro livro, e não me atrevo responder tal questão. Deixo ao doutor Ricardo Machado, amigo do peito, que muito admiro e respeito, a árdua tarefa de fazê-lo em outra oportunidade. É mesmo uma provocação...

Fui seu examinador em seu doutoramento e sei que competência e coragem não lhe faltam! Quem ler este livro, verá que sei o que estou falando.

Quando uma vendedora bater à sua porta, você não mais a verá com os mesmos olhos de antigamente...

Boa reflexão! Vale a pena!

Prof. Dr. Roberto Heloani
Graduado em Direito pela USP, graduado em Psicologia pela PUC-SP, mestre em Administração pela FGV-SP, doutor em Psicologia Social pela PUC-SP. É atualmente professor titular da UNICAMP, professor da Universidade São Marcos e professor da FGV-SP

APRESENTAÇÃO

Este livro nasceu da pesquisa para minha tese de doutorado em Ciências Sociais, que teve como objetivo conhecer o trabalho da vendedora direta, no passado chamada de vendedora porta a porta. A tese consistiu em um estudo de caso realizado em campo, focado essencialmente na mulher. Apesar de essa atividade não ser exclusivamente feminina, é exercida predominantemente por mulheres (especialmente no caso de vendas de cosméticos), que são responsáveis por mais de 90% desse mercado, e, por isso mesmo, objeto principal deste estudo.

Mais do que conhecer a mulher que trabalha com venda direta, pude entrar em contato e entender um pouco do universo em torno dessa atividade, o sentido empreendedor dessa mulher e o orgulho que tem por esse trabalho. Verifiquei que diversos fatores convergiram e levaram à construção do cenário mundial que favoreceu que essa fosse uma alternativa real e concreta para o trabalho feminino no mundo de hoje: um ambiente de mudanças, uma economia global, a modificação nas relações de trabalho que deram à prestação de serviços uma posição de destaque, a importância das redes de relacionamento, a personalização dos serviços, a valorização da estética, que leva cada vez mais à produção de bens com essa demanda e, sem dúvida, a entrada e a permanência definitiva e estabelecida da mulher no mercado de trabalho.

Além desses fatores externos, tão ou mais significativos para entender o objetivo do meu trabalho foi conhecer o universo feminino, e o que leva a mulher a tornar-se vendedora direta. Mais que a necessidade de obtenção ou complementação de renda, mais que a exclusão do mercado formal de trabalho, que obriga à busca de alternativas, de poder conciliar profissão e família, mais que se identificar com os produtos vendidos, trabalhar com venda direta para muitas mulheres significa restabelecer o orgulho, o sentimento de pertença, a conquista de uma carreira profissional, a valorização da sua função dentro de um grupo que identifica, dá razão de ser, propicia o sentimento de utilidade e de uma posição verdadeira e de valor como ser humano, que participa e ocupa um lugar significativo na sociedade.

Trabalhar com venda direta dá a oportunidade a mulheres, e também a homens, de serem empreendedores, na mais pura acepção da palavra. Com soluções criativas, empenho, dedicação e trabalho, é possível ser bem-sucedido, pois as recompensas vêm na razão direta do quanto se empreende, em um modelo de negócio que, apesar de possuir um vínculo com uma empresa formal e tradicional, independe quanto a ações e resultados. É possível trabalhar com venda direta e concretizar sonhos e aspirações pessoais. É uma postura de independência, que exige coragem, investimento e ousadia, mas recompensa pelo mesmo motivo: tudo está em suas mãos. Depende, e apenas, de você.

INTRODUÇÃO

UM MUNDO EM MUDANÇA

As profundas transformações econômicas, políticas, sociais e culturais do capitalismo, vivenciadas em todo o mundo a partir da década de 1970 e início deste século, provocaram um cenário de alterações nas estruturas e formas de trabalho. Novas atividades, empregos e ocupações surgiram como resposta a essas mudanças, enquanto outras minguaram ou desapareceram.

Nesse período de transformações, não só as práticas de gestão precisaram ser repensadas, como também as formas de trabalho e emprego, especialmente diante da obsolescência de um modelo até então convencional ocorrida a partir do início dos anos 1970.

Constata-se que as mudanças atuais e as que se projetam para o futuro mantêm, como objetivo central, a contínua busca da reprodução ampliada do capital. Essas mudanças são responsáveis pela progressiva diminuição dos empregos associados à indústria e à agricultura, e pelo crescimento do setor de serviços que, atualmente, responde por aproximadamente 70% da ocupação mundial, possibilitando o surgimento de um amplo leque de atividades e novas formas de trabalho, que permite a inclusão ou sobrevivência profissional, sobretudo por parte daqueles remanescentes dos segmentos industriais que vêem, nas atividades de serviço, uma forma de obtenção de renda ou reinserção no mercado de trabalho.

A competitividade crescente impõe a necessidade de melhorias constantes nas organizações, abrangendo, inclusive, sua cadeia produtiva, a busca de novas formas de participação do trabalhador, a procura de soluções inovadoras, de novas relações de trabalho, de gestão da cultura organizacional e de relacionamento com o mercado, para que se traduzam em ganhos para o empresário e em renda para o trabalhador.

Nesse cenário, o Brasil, desde 1980, vem lutando para superar crises econômicas e sociais, nacionais e internacionais, tendo estado vulnerável às instabilidades externas ocorridas na economia mundial, que afetaram diretamente a produção, a geração e a manutenção de empregos.

Como elemento influenciado, influenciador e influente desse processo, o mercado, sempre mais exigente e competitivo, impõe às organizações respostas às suas expectativas, obrigando-as a repensar suas formas de administração do processo de trabalho, e desenvolver novos meios e canais de distribuição e comunicação, para garantir-lhes a sobrevivência pela via da aquisição de competitividade.

O varejo, caracterizado por compreender todas as atividades diretamente relacionadas à venda de mercadorias ou serviços ao consumidor final, passa a se utilizar de vasta gama de processos e estratégias para realizar uma das novas tendências dos negócios: formação de relacionamentos com seus consumidores para torná-los fiéis à suas marcas, produtos e serviços, especialmente por meio da diferenciação transmitida.

Dentre as várias formas do varejo que existem para garantir mercado, destacamos a que é chamada **venda direta**, popularmente conhecida por **venda porta a porta**, que é definida pela Associação Brasileira das empresas de Venda Direta (ABEVD) como "*um sistema de comercialização de bens de consumo e serviços, realizados por meio do contato pessoal entre vendedor e comprador, fora de um estabelecimento comercial fixo, e que tem crescido de forma significativa na última década, no mundo e no Brasil*".

O processo de venda direta envolve três elementos-chave:

O vendedor direto: vendedor autônomo que compra os produtos por uma tabela de preços reduzida e, posteriormente, vende-os ao consumidor, auferindo sua renda enquanto aceita o risco e a responsabilidade pelas vendas inerentes ao negócio. O trabalho exige forte senso empreendedor e motivação como pré-requisitos para o sucesso nessa atividade.

O consumidor: usuário dos produtos e dos serviços prestados. Desfruta dos benefícios do serviço personalizado, já que normalmente é atendido em casa ou em algum local de sua conveniência. Com explicações mais detalhadas sobre o melhor tipo de produto a ser utilizado, vai formando um relacionamento com o vendedor ou a vendedora.

A empresa: produz os produtos e explora a força da marca, enquanto capacita o vendedor e fomenta a cultura empreendedora e a realização pessoal e profissional como formas de sucesso. Para a empresa, o vendedor é o principal canal de distribuição de seus produtos e de relacionamento com seus clientes, e, ao mesmo tempo, o grande disseminador de sua marca.

Essas organizações, especialistas em desenvolver novos meios de distribuir seus produtos, serviços e relacionamento com clientes, envolvem, atualmente, um contingente estimado em 1,7 milhões de pessoas no Brasil, e cerca de 40 milhões no mundo, sendo 95% mulheres, que fazem dessa forma de trabalho um dos segmentos que mais crescem no mundo, atingindo entre 10% e 15% ao ano, mantendo médias constantes acima da maioria dos outros setores, vendendo, sobretudo, produtos para beleza e higiene pessoal (88% do total desse mercado).

Esse crescimento apóia-se em três movimentos ou tendências mundiais:

O aumento do culto à beleza, ao corpo e à aparência: nas últimas três décadas, os cuidados com o corpo vêm se tornando uma experiência da modernidade. A higiene, que fundamentava esses cuidados, vai sendo substituída pelas sensações de prazer consigo mesmo, e a crescente expectativa da busca pela boa aparência aproxima-se do conceito da própria felicidade.

A vontade de realização pessoal e profissional da mulher: esse aspecto é observado de forma crescente desde os anos 1970, por intermédio dos movimentos feministas, inserindo a mulher no mercado de trabalho de forma definitiva, permitindo, inclusive, o desenvolvimento de novas ocupações mais próximas do perfil feminino, como é o caso da venda direta, que traz consigo a possibilidade do desenvolvimento do senso empreendedor, característica marcante dessa transformação.

Necessidade de aumento da renda familiar: no Brasil, especificamente, as contínuas crises econômicas, especialmente a partir da década de 1980, impulsionaram as mulheres de forma mais acelerada ao mercado de trabalho, muitas vezes em busca de ganhos como forma de complementação de renda familiar ou de renda principal. Essas mulheres, que em boa parte atuam em atividades secundárias, viram, na venda direta, sua forma de inclusão no mercado de trabalho e a possibilidade de obtenção ou aumento de renda, por proporcionar ganhos rápidos, necessitar de pouca qualificação e possibilitar trabalho em tempo parcial.

A pesquisa que norteou este trabalho baseou-se nas premissas, posteriormente comprovadas, de que o crescente aumento do número de mulheres que se dedicam à venda direta deve-se à exclusão do mercado formal de trabalho, de que o principal fator social que as motiva para a realização dessa atividade é a obtenção de renda, e de que existe uma forte relação afetiva entre a vendedora, o produto e a empresa de venda direta.

A melhor compreensão do papel social da mulher que trabalha com venda direta, e o entendimento da cadeia de relacionamento *empresa – vendedora – consumidora* sem dúvida auxiliarão na visão dos novos rumos que a sociedade percorre no cenário socioeconômico atual, como também mostrará novas alternativas para empreendedorismo, relações de trabalho e geração de renda, aplicáveis em vários setores da economia do país, que busca posicionar-se nesse cenário mutante de início de milênio.

Nos próximos capítulos, vamos analisar esses fatores e conhecer o trabalho da vendedora direta, especialmente a que vende cosméticos e atua nos grandes centros urbanos, sua relação com a organização e com o consumidor final, além de mostrar a importância da venda direta como forma de trabalho e de renda, o sentimento que existe em relação ao trabalho que é executado, e a relação da vendedora direta com a empresa produtora e com sua consumidora.

CAPÍTULO 1

O CRESCIMENTO MUNDIAL DOS SERVIÇOS

As principais mudanças socioeconômicas que ocorreram no mundo e no Brasil a partir da década de 1970 constituíram o cenário que possibilitou um novo papel para a mulher na sociedade, com sua inclusão definitiva no mercado de trabalho, especialmente o brasileiro. Neste capítulo, analisamos a formação desse cenário, fundamental para entender aspectos referentes ao trabalho formal e informal nos grandes centros brasileiros, mostrando como a venda direta posiciona-se nesse contexto.

Produção em massa, consumo em massa

Passada a Segunda Guerra Mundial, os principais países envolvidos no conflito de forma direta, especialmente os países europeus, o Japão e a Rússia, definiram como prioridade a sua recuperação socioeconômica e cultural. A busca por essa reconstrução desencadeou uma onda de prosperidade que perdurou por 25 anos e foi conhecida como a "era do ouro", caracterizada pela retomada do crescimento mundial, estabilidade social, expansão da produção industrial mundial (que quadruplicou nesse período), e a respectiva comercialização, que aumentou dez vezes em escala mundial.

Durante essas décadas, assistiu-se à redução acentuada dos modelos que dependiam economicamente da agricultura, enquanto expandia-se no mundo o modelo de acumulação definido pelo fordismo,[1] caracterizado, dentre outros fatores, por:

- Produção em massa de bens homogêneos.
- Grandes estoques de produtos acabados.
- Alto grau de especialização de tarefas.
- Organização vertical.
- Centralização das decisões.
- Negociação coletiva e sindicalismo.
- Estabilidade internacional.

A expansão desse modelo não caracterizou, contudo, uma nova concepção produtiva e econômica, mas, sim, o reconhecimento explícito de que a produção em massa significava consumo de massa, um novo sistema de reprodução da força de trabalho, uma nova política de controle e gerenciamento do trabalho, uma nova estética e psicologia; em suma, um novo tipo de sociedade democrática, racionalizada e moderna, ou seja, um novo modo de vida.

A ampliação e a adaptação desse modelo foram possibilitadas, em grande parte, pela crescente evolução tecnológica, fruto do desenvolvimento ocorrido durante o período de guerra, que permitiu a melhoria nos métodos e processos produtivos, desenvolvimento e utilização de novos materiais, especialmente plásticos, produtos químicos e farmacêuticos, que possibilitaram os ganhos de escala necessários para essa expansão, enquanto a estabilidade e o crescimento social permitiam a "democratização do consumo".

Assim, bens e serviços, antes restritos à uma minoria, puderam ser produzidos em escala industrial para um mercado de massa, sedento por novidades até então distantes de sua capacidade de compra. Essa propagação e disseminação tecnológica transformaram a vida cotidiana das pessoas e das famílias em todo o mundo, especialmente durante os anos 1960. Novos tecidos, máquinas de lavar,

---

[1] Fordismo é um sistema produtivo baseado numa linha de montagem, tendo como objetivo a produção industrial elevada. Esse conjunto de princípios foi criado pelo americano Henry Ford em 1909. Sua meta principal era buscar o aumento da produção no menor espaço de tempo, utilizando o trabalhador que reproduzia mecanicamente a mesma ação durante todo o dia.

rádios, televisões, discos de vinil e utensílios domésticos passaram a fazer parte do dia-a-dia, embora a "badalação" em torno de tudo o que foi produzido pela indústria de higiene pessoal tenha sido tamanha que obscureceu, pelo exagero sistemático, o grau de novidade de sua produção, muitíssimo aumentada e diversificada. O que antes era um luxo tornava-se o padrão de conforto desejado, sobretudo nos países desenvolvidos.

Quanto mais as novidades vinham acompanhadas de avanços tecnológicos, configurava-se a união entre processo produtivo, pesquisa e desenvolvimento, que passaram a ser fundamentais para o crescimento econômico, reforçando a vantagem competitiva dos países que tinham capital para investir em tecnologia. O país desenvolvido típico tinha mais de mil cientistas e engenheiros para cada milhão de habitantes na década de 1970, mas o Brasil tinha cerca de 250, a Índia, 130, e a Nigéria, cerca de 30.

Os investimentos de capital e tecnologia resultaram em desenvolvimentos característicos dessa "era", vivenciados plenamente somente nos países capitalistas, reforçando a já enorme vantagem das economias de mercado desenvolvidas do capitalismo, tendo os governos como produtores de condições de demanda relativamente estáveis, geração de empregos, bem-estar e seguridade social, proporcionando estabilidade e renda a um mercado de consumo de massa em caráter intercontinental, aspectos vitais para o crescimento da produção e consumo.

Esse crescimento, contudo, não foi um fenômeno em escala mundial, conforme se apregoa. Hoje é evidente que a "era do ouro" pertenceu essencialmente aos países capitalistas desenvolvidos, que, por todas essas décadas, representaram cerca de três quartos da produção do mundo e mais de 80% das exportações de manufaturados.

As mudanças nesse período foram tão rápidas que medi-las no horizonte de décadas passa a ser um intervalo de tempo demasiadamente longo. Entre uma nova invenção tecnológica chegar ao mercado e estar totalmente enraizada no cotidiano das pessoas decorrem pequenos períodos de tempo, como aconteceu, por exemplo, com as calculadoras eletrônicas, que, em poucos anos, estavam nas mãos de qualquer pessoa.

Essas novas tecnologias caracterizavam-se por serem de capital intensivo, e, portanto, exigiam pouca mão-de-obra, ou até mesmo sua substituição, já sinalizando em um futuro próximo a possibilidade real da substituição de mão-de-obra humana por robôs, computadores e sistemas automatizados: os seres humanos só eram essenciais para tal economia num aspecto: como compradores de bens e serviços. Alguns fenômenos sociais relevantes ocorridos nessa "era de ouro" devem ser ressaltados:

- A redução da dependência econômica da agricultura, ocasionando forte movimento de urbanização, consolidando a formação de grandes metrópoles.
- O aumento do nível educacional da população mundial, já acenando como diferencial competitivo entre nações sua capacidade de geração de conhecimento e tecnologia.
- A entrada crescente da mulher no mercado de trabalho. Em 1940, elas respondiam por 14% das ocupações, notadamente em atividades dirigidas ao trabalho em lojas, escritórios e certos tipos de serviços; em 1960, já ocupavam cerca de 30% dos postos de trabalho. Logo após a Segunda Guerra Mundial, eram entre 15% e 20% dos estudantes superiores e, na década de 1970, eram a metade.

Alguns estudiosos sugerem a hipótese da combinação de quatro elementos para a incorporação crescente da mulher no mercado de trabalho:

- A transformação da economia e do mercado de trabalho, possibilitando a abertura de oportunidades para as mulheres no campo da educação.
- O controle cada vez maior sobre a gravidez e sobre a reprodução humana.
- A conseqüência das transformações econômicas, tecnológicas e dos movimentos feministas.
- A rápida difusão de idéias em cada cultura globalizada, em um mundo interligado, no qual pessoas e experiências passam a se misturar.

Crise do modelo

No entanto, nem todos eram atingidos pelos benefícios da produção em massa, havendo sinais abundantes de insatisfação, mesmo no apogeu do sistema. As negociações salariais eram difíceis em boa parte dos setores econômicos, e, quando não ocorriam a contento dos trabalhadores, as desigualdades resultantes geravam fortes tensões sociais, especialmente entre os excluídos por gênero, cor e raça. O modelo demonstrava-se viável para alguns setores produtivos, em certas nações, cujo crescimento estável da demanda era acompanhado por investimentos em tecnologia, na melhoria dos métodos e processos produtivos.

Essas desigualdades passaram a ser difíceis de ser contornadas pela expectativa criada e apregoada de uma nova sociedade com maior poder de consumo e bem-estar.

Sem acesso ao trabalho privilegiado ligado a esse modelo, um grande contingente de trabalhadores estava fora desse mercado de consumo, e, pior, observando o consumo dos outros, sem ter acesso a ele. Deve-se acrescentar a isso todos os insatisfeitos do chamado terceiro mundo, com um processo de modernização que prometia desenvolvimento, mas que, na prática, promovia muita opressão e numerosas formas de domínio capitalista, em troca de ganhos bastante pífios em termos de padrão de vida e de serviços públicos, a não ser para uma elite que decidira colaborar ativamente com o capital internacional.

Para agravar ainda esse quadro, durante a década de 1960, a recuperação da Europa Ocidental e do Japão tinha se completado; seu mercado interno estava saturado, e as ações para expansão rumo ao mercado externo eram prementes. A expansão para os mercados externos acirrou a competitividade internacional, desestabilizando a hegemonia do modelo americano, a ponto de cair por terra o acordo de Bretton Woods[2] e de produzir a desvalorização do dólar, de-

---

[2] Bretton Woods foi o nome dado ao acordo de 1944, no qual estiveram presentes 45 países aliados, e que tinha como objetivo reger a política econômica mundial. Segundo o acordo de Bretton Woods, as moedas dos países-membros passariam a estar ligadas ao dólar, variando numa estreita banda de cerca de 1%, e a moeda norte-americana estaria ligada ao ouro a 35 dólares. Para que tudo funcionasse sem grandes sobressaltos, foram criadas com o acordo de Bretton Woods duas entidades de supervisão, o FMI (Fundo Monetário Internacional) e o Banco Mundial.

monstrando a incapacidade do fordismo de conter as contradições inerentes ao capitalismo.

Nessa época, também se iniciou na América Latina o desenvolvimento de políticas para substituição de importações, acelerando o processo de expansão das multinacionais na direção de produzir fora de seus países de origem, aproveitando-se de mão-de-obra barata e menores resistências sociais do que as observadas nos principais países capitalistas. O impacto dessa crise atingiu o modelo capitalista vigente, nesses fatores principais:

- Queda nas taxas de lucro das organizações fordistas de produção.
- Incapacidade de resposta rápida do modelo produtivo de produção em massa à retração do consumo, provocando o esgotamento do padrão de acumulação do capital a ele associado.
- Autonomia crescente do sistema financeiro internacional.
- Empobrecimento do Estado e crise fiscal que, a partir desse período, acentua-se pela escassez de consumo, gerando poucos investimentos do setor público.
- Diminuição da participação do Estado na economia, por meios de programas de privatização e desregulamentação de setores.

Os 25 anos de prosperidade econômica após o fim da Segunda Guerra Mundial foram mais exceção do que a regra no desenvolvimento capitalista. Essas dificuldades podiam ser definidas por uma palavra: rigidez. O modelo fordista pressupunha investimentos de longo prazo, larga escala de produção de produtos em massa e crescimento estável. Embora essas características e as limitações do modelo fossem conhecidas, todas as tentativas realizadas nesse período para aumentar sua flexibilidade encontravam forte resistência dos sindicatos e trabalhadores da época.

O único instrumento de resposta flexível estava na política monetária internacional, que oscilava com o objetivo de manter a economia estável, enquanto se iniciava um processo inflacionário em escala mundial, minando o crescimento obtido no pósguerra.

O mundo capitalista estava sendo afogado pelo excesso de fundos e com poucas áreas produtivas reduzidas para investimento; soma-se a esse fato o aumento do preço do petróleo em 1973, que encareceu os custos de energia e de produção em todo o mundo, e as guerras que surgiram no Oriente Médio, caracterizando uma forte retração do mercado de consumo em escala mundial, expondo, de forma definitiva, a pouca flexibilidade do modelo fordista em operar sob essas condições.

À medida que as grandes décadas de *boom* econômico de 1950 e 1960 davam lugar a uma era de dificuldades econômicas mundiais nos anos 1970 e 1980, a indústria não mais se expandiu. Nas corporações, a estrutura produtiva montada produzia estoques, sem mercado de consumo e com excesso de capacidade instalada.

Essas empresas foram obrigadas a entrar em um período de reestruturação, racionalização e busca de novos modelos produtivos que visavam quatro objetivos principais:

1) Aprofundar a lógica capitalista de busca de lucro nas relações capital/trabalho.
2) Aumentar a produtividade do trabalho e do capital.
3) Globalizar a produção e circulação de mercadorias.
4) Direcionar o apoio estatal para ganhos de produtividade e competitividade das economias nacionais.

O novo tabuleiro do jogo mundial

Tendo como base esses objetivos, observou-se, ao longo dos anos 1970 e 1980, o desenvolvimento de novas formas de estruturação e divisão do trabalho, com as seguintes características:

- Utilização de unidades fabris de planta menor, operando em escala maior.
- Diminuição do capital de giro.
- Diminuição do tempo de faturamento.
- Utilização de tecnologia de base microeletrônica nos processos industriais e de serviços.

- Desenvolvimento de equipamentos mais flexíveis.
- Redução de estoques intermediários de produção.
- Funcionários mais bem qualificados e polivalentes.

Esse novo modelo passou a ser conhecido como *acumulação flexível*, apoiado na flexibilidade dos processos de trabalho, dos mercados, dos produtos e de padrões de consumo, caracterizando o surgimento de formas de serviços e setores totalmente novos e, sobretudo, de taxas altamente intensificadas de inovação comercial, tecnológica e organizacional.

A economia de escala dava lugar à economia de escopo, permitindo uma aceleração do ritmo da inovação do produto ao lado da exploração de nichos de mercado.

No entanto, esse novo modelo não restaurou ou equilibrou o desemprego que se evidenciava mesmo nos países de capitalismo avançado. A acumulação flexível parecia implicar níveis relativamente altos de desemprego estrutural, rápida destruição e reconstrução de habilidades, ganhos modestos, quando existiam, de salários reais, e o retrocesso do poder sindical. O mercado de trabalho torna-se, assim, mais volátil, favorecendo o capital, que passa a impor novas formas de trabalho, contratações parciais, temporárias e subcontratações, desestruturando o trabalho de forma definitiva, com conseqüências que chegam até nossos dias.

As transformações vivenciadas não afetaram de maneira uniforme todos os países, o que determinou graus diferentes de intensidade dos efeitos econômicos e sociais em cada um. Esse fato foi conseqüência do estágio de maturidade industrial e dos serviços, grau de inserção na economia internacional, capacidade dos governos e empresas de implantar novas estratégias, definindo as oportunidades e o posicionamento dos países face ao novo "tabuleiro do jogo mundial".

Coordenado pelas grandes corporações transnacionais, industriais e financeiras, o capital, a partir do final dos anos 1970, e notadamente durante os primeiros anos da década de 1980, reformula-se, buscando explorar novas oportunidades mais lucrativas de investimento, muitas vezes favorecidas pelas políticas dos países e formas de subsídios praticados.

Nessa busca pelo lucro, há dois fatores estruturais que devem ser enfatizados:

- A formação de grandes conglomerados financeiros e industriais, que financiaram a reestruturação produtiva que favoreceu, com a introdução de novas tecnologias e novas técnicas de gerenciamento do processo de trabalho, a formação dos grandes oligopólios mundiais, caracterizados por um pequeno grupo de seis a oito empresas transnacionais em cada setor, que passaram a dominar entre 70 e 80% do mercado global.

- A expansão dos investimentos diretos no exterior, realizada pelos países centrais do capitalismo, notadamente nos países semiperiféricos, crescendo a porcentagem dos investimentos diretos no exterior de 16%, na década de 1980, para 20% no final da década de 1990.

O movimento dos capitais e da mão-de-obra não opera no sentido da igualdade, fazendo com que o curso da evolução econômica histórica dos países não fosse homogêneo, levando à desigualdade econômica entre nações, gerando uma classe economicamente inferior, chamada de países semiperiféricos, associados à margem dos principais desenvolvimentos, no qual se inclui o Brasil.

Esse movimento entre países centrais do capitalismo, semiperiféricos e periféricos, passa por múltiplas formas de dominação. Essa dominação e correlação de forças podem ser interpretadas por dois sistemas de influência:

1) **A influência dos elementos de ordem externa**, na capacidade de gerar ou destruir trabalho, em escala mundial, conforme interesses do capital, normalmente vinculado às relações internacionais, sua dinâmica, representatividade do país, posicionamento geográfico e estratégico.

2) **A influência dos elementos internos**, tais como escolaridade, estágio de desenvolvimento das estruturas produtivas, capacidade de criar produtos e serviços de reconhecido valor agregado, capacidade de expansão interna e de consumo, posicionamento ante os cenários da cadeia de valor internacional.

O meio encontrado pelo capital, que pudesse permitir ganhos em curto período de tempo, foi a expansão dos capitais financeiros especulativos, privilegiando os países que tinham recursos para esse fim, especialmente os Estados Unidos, Japão e alguns da Europa Ocidental (influência de ordem externa), enquanto excluía desse processo os demais, ou pior, submetia-os como "países emergentes ou novos países industrializados" às mais diversas formas de serventia do capital.

Essa utilização do capital, a partir dos anos 1980, desestruturou grande parte dos países da América Latina e da Europa Oriental. Quanto mais avançavam esse modelo e a tecnologia, propiciando maiores velocidades às aplicações financeiras, os chamados países emergentes ou semiperiféricos distanciavam-se dos benefícios e do progresso social vividos nos países centrais do capitalismo, acarretando profundas alterações no emprego e no trabalho.

Essa estratégia capitalista, marcante durante o final da década de 1980 e ao longo da década de 1990, procurou permanecer o mais livre possível dos investimentos de longa duração, com o intuito de explorar rapidamente as oportunidades lucrativas de investimento, como se os países semiperiféricos, em particular, fossem um grande bazar de concorrentes ávidos para mostrar ao capital suas melhores condições de investimento.

Quanto às organizações, o esgotamento do modelo de acumulação fordista e o desenvolvimento dos métodos associados à acumulação flexível fizeram com que novas formas de produção, agora voltadas para respostas mais rápidas e flexíveis junto ao mercado, passassem a ser disseminadas.

Essas pressões competitivas levaram ao nascimento de "novas formas industriais", atuando em todos os elos da cadeia produtiva, favorecendo a integração horizontal, contra o modelo vertical até então dominante, gerando a criação de uma rede de subcontratações e de deslocamentos para dar maior flexibilidade diante do aumento da competição e dos riscos, criando um vasto movimento nas formas de trabalho e de emprego nos mais diversos setores industriais e de serviços.

Desenvolve-se, assim, uma nova organização do processo de trabalho para possibilitar maior flexibilidade e respostas mais rápidas ao mercado. O toyotismo[3] passa a ser difundido em escala mundial com sucesso nos nossos dias. Surgem novas formas de gerenciamento dos processos produtivos, foco no gerenciamento da qualidade, células de trabalho, novas formas de gestão e relacionamento com os trabalhadores, somadas aos investimentos crescentes em tecnologia na corrida, agora global, pela maior competitividade.

Essa luta competitiva deflagrada dentro do próprio núcleo capitalista constituído pelos Estados Unidos, Europa e Japão teve como atores principais os grandes conglomerados empresariais transnacionais, gerando impacto mundial direto no desenvolvimento de novas formas de relação de trabalho.

Essas novas relações seriam responsáveis pela instauração de uma nova forma de organização industrial e de relacionamento entre capital e trabalho, mais favorável quando comparada ao taylorismo[4] e ao fordismo, uma vez que necessitaria do advento de um trabalhador mais qualificado, participativo, multifuncional e polivalente, dotado de maior realização no espaço do trabalho.

O Brasil no contexto mundial a partir da década de 1970

O Brasil, logo após a Segunda Guerra Mundial, implantou as bases de uma economia industrial que tinha como premissa suprir o país de insumos industriais básicos como aço, química e bens de capital, permitindo seu desenvolvimento tecnológico em importantes segmentos, como o petrolífero e automobilístico.

---

[3] Elaborado por Taiichi Ohno, o toyotismo surgiu nas fábricas da montadora de automóvel Toyota, após a Segunda Guerra Mundial. No entanto, esse modo de produção só se consolidou como uma filosofia de trabalho na década de 1970. Tem como elemento principal a flexibilização da produção. Diferentemente do modelo fordista, que propunha a grande produção com grandes estoques, o modelo toyotista aprega que só se produza o necessário, reduzindo-se ao máximo os estoques. Essa flexibilização tem como objetivo a produção de um bem exatamente no momento em que ele é demandado, no chamado *just-in-time*. Dessa forma, ao trabalhar com pequenos lotes, pretende-se que a qualidade dos produtos seja a máxima possível.

[4] Taylorismo é o modelo de administração desenvolvido pelo engenheiro norte-americano Frederick Winslow Taylor (1856-1915), que é considerado o pai da administração científica. Tem por objetivo resolver os problemas que resultam das relações entre os operários, e, como conseqüência, modificar as relações humanas dentro da empresa. Por esse modelo, o operário não deve discutir ordens, mas seguir e executar instruções do que foi planejado pela gerência.

O modelo adotado apoiava-se em padrões tayloristas e fordistas, tendo como exemplo as crescentes instalações de empresas multinacionais americanas, especialmente a partir dos anos 1950.

Esse modelo sustentava-se em um tripé formado pelas empresas estatais, empresas multinacionais e empresas privadas. Nesse processo, o papel do Estado foi ampliado, sendo mais estruturante e articulando os interesses capitalistas, definindo, por meio do planejamento, as fronteiras de expansão, e mobilizando excedentes financeiros capazes de assegurar a industrialização brasileira.

O rápido crescimento econômico obtido entre a década de 1950 até o final da década de 1970 demonstrava sinais positivos quanto ao modelo a ser seguido, permitindo que o PIB dobrasse de volume a cada dez anos, com uma taxa média de crescimento ao redor de 7% ao ano, posicionando o país entre as dez maiores economias do mundo.

Com forte dinamismo, o setor industrial aumentou consideravelmente sua participação na estrutura da renda interna, passando de 20% em 1950, para 27% em 1980, enquanto a participação agrícola decrescia de 25% para 13%. Segundo o IBGE, nesse mesmo período, a PEA (população economicamente ativa) alterou-se substancialmente, passando de 60% para 30% no setor agrícola, enquanto no setor industrial aumentava de 25% para 46%.

Esse crescimento causou profundas transformações estruturais nas relações sociais e de trabalho, sedimentando a industrialização como base de sustentação econômica nacional, alterando o perfil das cidades ante o movimento migratório ocorrido, ao mesmo tempo em que o dinamismo econômico impulsionava a geração de empregos e uma considerável mobilização social.

Com isso, pode-se dizer que, entre 1950 e 1970, o Brasil conseguiu atingir um desempenho econômico com taxa média de variação anual do PIB estimada em 4,99%, acima da média mundial, obtido, em anos específicos de expansão da produção, 7%, caracterizando o período de crescimento rápido da economia na década de 1970, conhecido como "milagre brasileiro".

A partir do início dos anos 1980, a economia brasileira começa a sofrer profundo retrocesso, obtendo um simples crescimento médio anual de 2,1% em sua produção, ficando pouco acima da evolução demográfica, porém abaixo do comportamento da economia mundial, das nações semiperiféricas e do centro do capitalismo.

Isso ocorreu porque o modelo desenvolvido começava a dar seus primeiros sinais de esgotamento, trazendo o que se pode chamar de *primeira crise estrutural do emprego,* configurando demissões maciças e declínio do modelo praticado até então, iniciando fortes transformações no mercado de trabalho que, a partir desse momento e até nossos dias, não parariam mais, definindo mudanças constantes nas relações trabalho e capital.

Enquanto isso, acentuavam-se nos países mais avançados o desenvolvimento e a disseminação do novo modelo produtivo, conforme já citado, que tinha como premissa a acumulação flexível e cujas bases são:

- flexibilidade dos processos de trabalho;
- surgimento de novos setores de produção;
- novas formas de serviços financeiros;
- intensificação das inovações tecnológicas;
- novos conjuntos industriais em regiões subdesenvolvidas;
- maior mobilidade da força de trabalho.

O Brasil, nessa época, não estava com seu modelo produtivo sedimentado o suficiente, o que favoreceu a imersão do país na crise vivenciada nesse período, com repercussões até hoje sentidas.

O país não incorporou plenamente o padrão de desenvolvimento dos principais países capitalistas, tendo um modelo particular de desenvolvimento, porém sem conseguir concluí-lo em tempo hábil quando do início da terceira revolução industrial ocorrida durante a década de 1980, deixando escapar a chance de entrar no primeiro mundo.

A década de 1980 começa, portanto, sob o esgotamento do dinamismo da economia industrial, alta inflação, planos econômicos periódicos, que acentuavam ciclos curtos de prosperidade milagrosos, caracterizados por diretrizes de endividamento externo, que se manifestaram com maior intensidade notadamente durante os anos 1982 e 1983. Em decorrência, a política de comércio exterior do período esteve fortemente voltada para a obtenção de superávits comerciais, por meio de medidas de contenção das importações e de incentivos às exportações, porém, sem ações concretas e abrangentes de crescimento sustentado, gerando um mercado recessivo, enquanto o desemprego aumentava.

O modelo vigente, que até então apoiava-se em três vetores – Estado, capital privado nacional e capital privado internacional –, viu este último sair rapidamente do Brasil pela ausência de caminhos econômicos claros e políticas definidas, indo buscar novas oportunidades especialmente no continente asiático, que se expandia com base no novo modelo industrial preconizado pelo capitalismo ligado ao crescimento da terceira revolução industrial.

Assim, o Estado vai se tornando paulatinamente incapaz de sustentar o crescimento econômico nacional, desequilibrando suas contas públicas em meio a juros de financiamentos assumidos durante a década anterior, chegando à metade da década de 1980 enfraquecido, como instituição e entidade política, em sua credibilidade externa e interna. A gestão passiva e conservadora, predominante ao longo dos anos 1980, foi solidária com os grandes credores internacionais e sua lógica financeira, ignorando as profundas mudanças que ocorriam nos países avançados.

Por outro lado, ao evitar quaisquer projetos estratégicos de mudanças estruturais e de um novo padrão de desenvolvimento que incorporasse a terceira revolução industrial, o país favoreceu as alternativas de curto prazo, que tenderam a manter o estado de hiperinflação latente e a acentuar as incertezas e instabilidades macroeconômicas, em vez de corrigi-las. Esses fatores agravaram a fragilidade do sistema produtivo nacional.

Com o peso da dívida externa crescente, dependendo dos fluxos de capital internacional e sem qualquer poder de crescimento autônomo, o ritmo de desenvolvimento do país estava totalmente fragilizado. O setor industrial, que havia crescido sob leis protecionistas definidas, era pouco competitivo, de baixo nível tecnológico e sem atratividade para o capital externo, sendo alvo, durante a década de 1980 e início dos anos 1990, de constantes crises, fazendo imergir o trabalho e o emprego em uma crise estrutural sem previsões ou alternativas a curto prazo.

A crise brasileira dos anos 1980 decorreu do esgotamento de um modelo de desenvolvimento que não concluiu sua implantação, unido ao surgimento de uma nova ordem econômica, protecionismos dos países capitalistas e investimentos de curto prazo realizados pelo capital, com o objetivo de ganhos rápidos, limitando alternativas de solução em meio a ofensivas conservadoras dos países avançados.

Já fragilizado pela recessão, o Brasil inicia a década de 1990. Como diferencial das reestruturações ocorridas durante os anos 1980, esse período de ajustes acontece em um cenário de abertura comercial, privatizações e redução da influência do Estado, caracterizando um *movimento de reestruturação da produção* propriamente dita.

A combinação de nova política industrial, voltada à abertura das importações, e a recessão provocada pela política de estabilização em vigor, implicaram em mais um severo ajuste por parte das empresas, que se estendeu para os anos posteriores. Uma fase desses ajustes envolveu um número significativo de demissões. Dados da FIESP revelam que, em 1991, foram suprimidos 278 mil postos de trabalho; em 1992, 277 mil postos, continuando esse movimento durante toda a década de 1990. Pode-se notar que o nível de emprego industrial reduziu-se em 25%, durante 1991 a 1996, o que obrigou as empresas a configurarem novas estratégias de mercado gerenciais perante as matrizes internacionais.

Os surtos de recuperação nessa época não conseguiram equilibrar o volume de demissões. Em 1993, foram criados somente 4.900 novos empregos, número que não chegou a ser representativo ante as demissões dos anos anteriores, isso porque os ganhos de produtividade do trabalho obtidos anularam a possibilidade de crescimento da ocupação.

Em relação aos anos 1990, foram surpreendentes os esforços de renovação organizacional. Implantações de programas e filosofias como *just-in-time*, reengenharia, terceirizações, reestruturações, busca pela qualidade total, aumento da produtividade e concentração em linhas de produtos competitivos foram inseridos bruscamente no dia-a-dia organizacional, enquanto se redesenhavam os processos de negócio e demitiam-se pessoas.

Quanto mais eram implantados esses programas, somados à exposição e à concorrência externa, era gerada uma queda sistêmica e constante do nível de emprego industrial, caracterizando a chamada racionalização do trabalho em todos os níveis organizacionais.

Essa racionalização não caracterizou investimentos em ampliação da capacidade produtiva, mas sim nos processos de adaptação ao cenário de abertura. Na primeira metade de 1990, a indústria foi submetida à uma crescente exposição ao ambiente competitivo internacional, característica que certamente continua nos anos seguintes, junto à diminuição do emprego.

A década de 1990, portanto, consolida intenso processo de realinhamento das estratégias organizacionais, voltado especialmente para:

- racionalização dos processos produtivos;
- redução de custos operacionais;
- desenvolvimento de novos mercados;
- novas formas de políticas de pessoal, observando-se que as demissões ocorridas não se restringiram somente aos operários produtivos, mas também às áreas administrativas e aos cargos de direção, representando não só um ajuste na produção, mas também uma reestruturação global dos processos de negócio.

Essa reestruturação gerou o desenvolvimento de novas formas de trabalho, agora mais fragmentadas, parciais e precárias, ocasionadas especialmente pelo leque de opções que se formou pelos demitidos em todos os níveis, enquanto gerava redução drástica da fidelidade à organização para os que mantiveram seus empregos.

Tal enxugamento em todos os níveis do emprego diferenciou-se dos outros pelo rigor adotado desde então para os novos processos seletivos. Diante de um mercado altamente saturado de profissionais, as novas contratações passaram a exigir maior escolaridade, experiência e boa aparência, desqualificando os menos aptos à possibilidade de inserção no mercado de trabalho.

Imersa em um cenário de abertura global, tentando posicionar-se em um ambiente extremamente competitivo até então desconhecido, a racionalização do trabalho e a reestruturação produtiva realizada pelas empresas foram causadas, sobretudo, pelos seguintes fatores:

- obsolescência das instalações e equipamentos tecnologicamente defasados e com baixa confiabilidade para criar produtos competitivos;
- pouco investimento em pesquisa e desenvolvimento e baixo grau de parcerias internacionais com essa finalidade;
- alta de sinergia entre a cadeia produtiva e o mercado consumidor, fornecendo produtos e serviços defasados tecnologicamente;
- estoques altos, baixa flexibilidade na produção, lentidão de respostas;
- pessoal pouco qualificado para operar novas tecnologias;
- estilo gerencial ultrapassado.

As principais providências das empresas nacionais, que visavam desenvolver e ajustar suas estratégias, agora para um mercado global, foram:

- desverticalização das empresas, que passaram a buscar parcerias e maior horizontalidade, partindo da economia de escala para a economia de escopo;
- especialização, com encerramento de atividades de plantas e linhas produtivas não competitivas;
- importação de novas tecnologias e implantação de novos sistemas tecnológicos;
- busca de novas áreas em cidades ou outros Estados para atuar, notadamente, fora dos grandes centros, com menores impostos, isenções fiscais e benefícios estruturais;
- terceirizações de estruturas administrativas para fixar o foco nos processos principais do negócio e para reduzir custos;
- novas plantas em áreas com menor influência sindical;
- mudanças gerenciais com a adoção de um estilo mais participativo, com maior envolvimento dos funcionários para a busca da qualidade e de maior produtividade.

Esse quadro de inserção global e reestruturação produtiva, que se evidenciou no setor industrial, acabou por afetar o setor de serviços, mercado que até então crescia e absorvia parte dos demitidos da indústria. O comércio, opção natural para demitidos, teve também de reduzir seus quadros pela retração do consumo de forma geral, passando a contratar, quando necessário, profissionais já com o novo perfil de qualificação mencionado: experiência, escolaridade e boa aparência, reduzindo, assim, seu investimento em treinamento, selecionando os profissionais "prontos", limitando o acesso de novos profissionais e aumentando a exclusão do mercado formal de trabalho.

Essas ações, ainda hoje em andamento pelas empresas, restringiram ainda mais os postos de trabalho, notadamente nos grandes centros urbanos, aumentando o tempo de procura por emprego, enquanto limitavam a possibilidade de contratação, posicionando o contingente dos que procuram emprego em dois vetores:

- Empregados que continuavam procurando emprego na economia formal (desemprego aberto).
- Empregados que desistiram ou nem tentaram procurar emprego na economia formal (desemprego oculto).

O desemprego aberto corresponde aos trabalhadores que procuram ativamente por um emprego, estando em condições de exercê-lo imediatamente, o que indica o grau de concorrência no interior do mercado de trabalho em torno do acesso às vagas existentes.

O subemprego e outras formas de sobrevivência respondem pela parte menos visível do excedente da mão-de-obra porque envolvem os trabalhadores que fazem "bicos" para sobreviver, assim como aqueles que deixam de buscar uma colocação por força de um mercado extremamente desfavorável, gerando o desemprego oculto pelo trabalho precário e pelo desalento.

O segmento da população ativa que supera as necessidades e exigências do processo de acumulação de capital forma um conjunto de mão-de-obra excedente em cada país. A parte mais visível desse excedente é identificada pelo desemprego aberto, enquanto a parte menos visível é representada pelas mais diversas formas primitivas de organização da produção e de sobrevivência da população ativa.

Nesse cenário inserem-se as atividades informais e o trabalho precário voltado para a subexistência nos quais as novas economias industrializadas introduziram mulheres que recebem baixos salários em quase todos os níveis de estruturação de cargos. Ao mesmo tempo, uma parcela significativa dos postos de trabalho ocupados por mulheres nos centros urbanos, nos países em desenvolvimento, continua sendo no setor informal, no qual se insere a venda direta.

A vez da combinação
tecnologia + serviços

Algumas das repercussões dessas mutações no processo produtivo tiveram resultados imediatos no mundo do trabalho:

- Terceirizações das funções consideradas não-essenciais para o resultado.
- Expansão das mais variadas formas de trabalho: tempo parcial, horário flexível, trabalho em casa, entre outros.
- Aumento dos trabalhos ligados às atividades sociais.
- Auto-emprego e a economia do "faça você mesmo", de interesse especial para este livro.

Essas mutações, que chegam até nossos dias e se projetam para o futuro, fundamentadas no uso intensivo de tecnologia na produção de bens e serviços, e criam, por exemplo, um vasto movimento no emprego no chamado setor de serviços, desenvolvem-se em uma estrutura produtiva que utiliza cada vez mais as formas de rede, terceirizações, contratações temporárias e gerenciamento da cadeia produtiva como forma de acumulação flexível e de produtividade.

Quanto à gestão da força de trabalho, são utilizadas cada vez mais técnicas integrativas e participativas (pelo menos no discurso), tais como: células de trabalho, trabalho em equipe, times de trabalho, grupos semi-autônomos e profissional polivalente, entre outras formas, que especificam maior horizontalidade da gestão organizacional, compartilhamento do conhecimento interno e integração da cadeia produtiva.

Paralelamente, observa-se a mudança angular no eixo da diferenciação da competição intercapitalista e no consumidor final, não mais sustentando-se na geração do valor agregado à produção de manufatura, mas na concentração das atividades de mais alto conteúdo tecnológico e da construção da diferenciação, dirigidas à prestação dos serviços.

A importância dos serviços

As mudanças no consumo, unidas às mudanças na produção, na reunião de informações e no financiamento, parecem estar na base de um notável aumento proporcional do emprego no setor de serviços a partir dos anos 1970. Porém, esse crescimento já era detectado antes dessa década.

A partir do esgotamento do modelo fordista, o crescimento do setor de serviços se acentuou como parte do modelo flexível, permitindo que atividades antes internacionalizadas nas empresas manufatureiras, tais como jurídico, marketing, publicidade e secretaria, sejam entregues a empresas separadas, que passam a fazer da prestação de serviços seu negócio.

O enfraquecimento do modelo produtivo apoiado nos padrões fordista/taylorista, a introdução de novas tecnologias de base microeletrônica, a necessidade de desenvolver novas formas de acumulação de capital, os movimentos sociais, especialmente aqueles reivindicatórios da maior participação da mulher na sociedade e no trabalho, marcaram a transição do modelo industrial para o pós-industrial, notada a partir da década de 1960 e de forma marcante a partir dos anos 1970.

Se o ritmo da produção industrial era vinculado ao próprio ritmo do cotidiano, ditando horários, definindo carreiras, movimentando o urbano ao redor das indústrias, agora é observado, em caráter mundial, o desenvolvimento crescente das atividades ligadas ao setor de serviços, expandindo seus postos de trabalho para uma sociedade que passa a viajar mais, busca melhor qualidade de vida, educa-se constantemente, e exige bons serviços como forma evolutiva de qualidade da demanda.

O setor de serviços é caracterizado, dentre outros fatores, por sua heterogeneidade, trazendo consigo variações quanto às suas definições conceituais e limites de atividade, dificultando a análise de seu comportamento.

Assim, atividades como pós-venda, serviços ao consumidor, distribuição, *call-centers*, *telemarketing*, assistência técnica, entre outras, passam a ser encaradas como fatores de comparação para o mercado no momento de aquisição de um produto e serviços, fazendo com que cada vez mais as organizações insiram em sua estratégia essa forma de diferenciação.

Pode-se dizer que a incorporação de serviços a produtos, como diferencial competitivo tornou-se uma das saídas encontradas pelo capital para enfrentar a competição e ganhar mercado, flexibilizando-se pelos serviços e contrapondo-se à produção em massa após o esgotamento do modelo fordista/taylorista.

A constatação do crescimento no setor de serviços não nos deve levar à aceitação da tese das sociedades pós-industriais ou pós-capitalistas, uma vez que se mantém, pelo menos de forma indireta, o sentido da produção global capitalista da maioria dos serviços. Não se trata, pois, de setores com acumulação de capital autônomo; ao contrário, o setor de serviços, em boa parte de suas práticas, permanece dependente da capacidade industrial de produzir.

Para caracterizar essa convergência, surge o conceito de *produção industrial de serviços*, que é o processo que transforma as condições de existência de um indivíduo ou de um grupo de indivíduos. O serviço deve, portanto, agir sobre as condições de uso ou sobre as condições de vida do destinatário. A venda direta reforça o conceito de produção de serviço, relacionando produto mais serviço como forma de diferenciação estratégica junto ao mercado.

Desde os anos 1970, o capitalismo, para enfrentar a competição, voltou-se para o desenvolvimento de novas estratégias, gerando produtos mais "personalizados" para atender aos diferentes mercados consumidores que se expandiam. A possibilidade dos serviços atuarem com esse diferencial, pela flexibilidade, capacidade rápida de resposta e melhoria no relacionamento, induziu as empresas a incorporarem formas de serviço em suas estratégias como diferencial competitivo.

Por estarem cada vez mais próximos, a produção e os serviços são hoje tratados nas organizações como um elo comum, denominado operações, fazendo parte da cadeia de valor produtiva total, definida como um atributo agregado pelo trabalho, que confere aos produtos e serviços a qualidade de bens econômicos, pelo qual determinado bem é estimável em maior ou menor grau pelo mercado que o utiliza. Nessa definição insere-se a venda direta.

Em nosso país, o aumento das atividades em serviços favoreceu, entre outros fatores, a maior inserção da mulher no mercado de trabalho, especialmente em segmentos como a venda direta, consolidando a tendência mundial das últimas décadas em ser o setor em maior expansão quanto à geração de empregos e à dinâmica em desenvolver novas formas de atividades.

CAPÍTULO 2

A MULHER BRASILEIRA NO MERCADO DE TRABALHO

O fenômeno da inserção da mulher no mercado de trabalho começa a ganhar relevância quando a própria demanda para romper a esfera doméstica e entrar no mercado de trabalho tinha, entre as mulheres casadas, e normalmente de classe média, forte conotação ideológica, pois suas motivações não eram econômicas, mas sim o sentido de liberdade e autonomia, norteador dos movimentos feministas gerados a partir da década de 1960.

No entanto, no mundo inteiro, a participação das mulheres na força de trabalho já era uma realidade, independentemente dos movimentos reivindicatórios dos anos 1960. A indústria eletrônica, internacionalizada desde fins da década de 1960, já empregava, na Ásia, mulheres jovens. Com a expansão universal do nível de instrução, inclusive a educação superior, especialmente nos países desenvolvidos, as mulheres passaram a constituir uma fonte de habilidades imediatamente explorada pelo capital.

Uma das mudanças sociais mais expressivas do período pós-guerra foi o aumento significativo da participação feminina no mercado de trabalho em escala mundial. Segundo dados da ONU (Organização das Nações Unidas), 48% dos cargos ocupados no mercado de trabalho mundial pertencem a mulheres na faixa etária entre 15 e 64 anos.

Com a expansão universal do nível de instrução, inclusive da educação superior, as mulheres passaram a constituir uma fonte de habilidades imediatamente explorada pelo capital, frente a possibilidade de pagar menos pelo mesmo trabalho.

Vale ressaltar que a inserção da mulher no mercado de trabalho não pode ser atribuída somente a fatores econômicos, mas a vários movimentos sociais, culturais e econômicos de ordem mundial, que resultaram no aumento de sua participação na sociedade em todos os campos de atuação, consolidando-se uma tendência que vinha se acentuando desde a década de 1960 e que, a partir dos anos 1980, teve seu crescimento acelerado.

O impacto causado pela mulher que trabalha

O fenômeno da inserção da mulher no mercado produziu impactos diretos sobre vários fatores da base socioeconômica nacional:

Na família: inicia-se o processo de ruptura com o modelo hierárquico patronal, nascendo novas formas de relação e convívio entre homens e mulheres, com a família patriarcal sendo contestada nos últimos anos pelos processos inseparáveis de transformação do trabalho feminino e da conscientização da mulher.

No trabalho: a mulher passa a competir por atividades até então consideradas eminentemente masculinas, demonstrando habilidade, competência e liderança, inclusive para ocupar cargos de chefia.

Como capacidade de produzir riqueza: o que muda não é apenas a natureza das atividades da mulher na sociedade, mas também os papéis desempenhados por ela e as expectativas convencionais do que deveriam ser esses papéis. A capacidade de trabalho da mulher passou a ser utilizada em atividades nas quais sua contribuição e habilidade foram reconhecidas como superiores às dos homens.

Como consumidora: O sentido de maior liberdade de atuação da mulher e a busca da realização pessoal, profissional e felicidade colocaram-na no mercado de consumo de forma direta, gerando uma demanda por profissões até então praticamente desconhecidas, sobretudo aquelas dirigidas a serviços, para atender a esse "novo cliente".

Observa-se, contudo, que a inserção da mulher no mercado de trabalho, em termos gerais, não significou a ocupação dos melhores postos, posicionando-a normalmente em atividades secundárias ou até em subempregos. O capital global funciona por trás da máscara da neutralidade, mas a extrema pobreza na África, na América do Sul e na Ásia ainda persiste por trás dessa máscara. As hierarquias de sexo e raça, apesar de diminuírem, permanecem tão ou mais reais do que nunca.

A mulher que vai à luta

Durante a década de 1980, o aumento do desemprego no Brasil, a racionalização produtiva e a reestruturação do trabalho trouxeram a mobilização familiar como forma de participação na obtenção de renda. Essa mobilização foi notadamente um movimento feminino que levou as mulheres a saírem de casa em busca de ocupações que possibilitavam ganhos rápidos, permitindo a sobrevivência familiar, vivenciando-se um aumento significativo do trabalho feminino, que foi absorvido pelo capital, preferencialmente no universo do trabalho em meio período, precário e desregulamentado.

Estudos mostram que, no momento em que se abala a situação de emprego dos chefes de família e dos filhos homens adultos, implicando diretamente no modelo de chefe provedor, é vivenciada maior participação feminina na busca de renda, fortalecendo a hipótese de que a conjuntura das diversas crises econômicas ocorridas nas últimas duas décadas, ao propiciar, mesmo que de forma temporária, a ruptura na prática da família tradicional e na figura do provedor, propicia e acentua as mudanças nas relações internas das famílias no âmbito social. No passado, os filhos trabalhavam para que as mães pudessem ficar em casa cumprindo responsabilidades domésticas e reprodutivas. Agora, quando as famílias precisam de renda extra, as mães trabalham no lugar dos filhos.

Até o início dos anos 1980, o perfil de participação feminina na atividade econômica brasileira, segundo faixas etárias, traduzia-se na participação das filhas como geradoras de renda. A estagnação ocorrida logo no início da década de 1980 e o empobrecimento generalizado da população impulsionaram as esposas e mães a contribuir para o aumento da renda familiar, ajudando a arcar com os gastos da família e, desse momento em diante, inserir-se de forma definitiva no mercado de trabalho, elevando-se as taxas de participação da mulher de todas as idades.

O segundo fator diz respeito à crescente informalidade do mercado de trabalho. Como essas atividades são mais flexíveis, as mulheres tendem a adaptar-se melhor, notadamente aquelas que necessitam conciliar as funções domésticas com as profissionais, pois várias dessas atividades permitem horários flexíveis, jornadas reduzidas e possibilidade de serem executadas em casa. Embora não possam ser conclusivos, dados referentes indicam que o trabalho autônomo feminino cresceu em 55% aproximadamente nos últimos anos, representado por autônomos que trabalham para empresas (60%) e autônomos que trabalham para o público (50%).

Esse é o caso de quem trabalha com venda direta, normalmente mulheres autônomas que trabalham para as empresas produtoras, vendendo e entregando os produtos aos consumidores.

A convergência dos fatores acima traz a segmentação do trabalho, o que está mais próximo da realidade cotidiana, configurando especializações por gênero, pelas funções que ocupa e por setor de atividades. Assim, atividades como secretária, nutricionista, cabeleireira, esteticista, recepcionista, entre outras, seriam mais adequadas ao perfil feminino, cabendo aos homens a contrapartida em outras atividades de trabalho.

A reconhecida atribuição de gênero ao trabalho pode estar fundamentada em um costume, conforme muitas vezes se alude. No imaginário social, cada vez mais supera-se a crença de que compete às mulheres trabalhos determinados e definidos pela presteza manual e pelo afeto, mas estabelece-se uma relação de perfil e qualificação para a função a ser executada.

A própria natureza dos empregos que requerem qualidades femininas, como é o caso da venda direta, constitui uma barreira nessa atividade para o sexo masculino. Isso tem a ver com a divisão sexual dentro do âmbito da própria família e da relação produtiva atual.

Mesmo que o trabalho da mulher seja considerado uma atividade menos qualificada, refletida na alocação dos postos de trabalho, isso não significa maior instabilidade e vulnerabilidade em relação ao mercado, mas sim alocação adequada no processo de mais valia do capital, o que pode significar proteção a determinadas atividades, mesmo em tempo de crise, por associarem-se diretamente ao atendimento de necessidades do capital.

O capital tem sabido se apropriar intensamente da polivalência e características próprias do trabalho feminino, das experiências que as mulheres trazem tanto no trabalho produtivo como no doméstico, e do sentido empreendedor a elas atribuído. Enquanto os homens, pelas condições histórico-sociais vigentes, mostram mais dificuldade em adaptar-se às novas dimensões polivalentes do que as mulheres; o capital tem se utilizado desse atributo social herdado pelas mulheres.

Quando se fala sobre o trabalho feminino, deve-se incorporar também o trabalho doméstico, em especial os ganhos propiciados de forma indireta ao contribuir e zelar pelo bem-estar da família, enquanto usufrui do progresso familiar. Considerar que o trabalho doméstico e assalariado remunerado e não remunerado, formal e informal, são modalidades de trabalho implica em um alargamento do conceito de trabalho; se o emprego assalariado retrai-se, a atividade real do trabalho continua a ter um lugar estratégico nas sociedades contemporâneas.

Provedora da casa

A necessidade de desempenho de papéis familiares e profissionais limita a disponibilidade da mulher para o trabalho remunerado, forçando-a, em vários casos, a dispensar a procura por ocupações mais formais, com jornadas de trabalho mais longas ou rigidamente demarcadas, porém, mais bem remuneradas se comparadas às ocupações informais, instáveis, e normalmente com baixa remuneração.

Reconhecida e legitimada socialmente, a aparente dependência feminina historicamente fortaleceu a crença de que o trabalho realizado por mulheres seria atividade secundária, pois as principais estariam ligadas ao lar. No entanto, os fatos da realidade atual revelam que as mulheres trabalhadoras são, muitas vezes, as provedoras da família, ressaltando, assim, a importância do trabalho feminino.

Com isso, quer-se dizer que, embora não tenha a remuneração direta obtida pelo trabalho doméstico, a mulher, casada ou com filhos, que trabalha, também usufrui do ganho e dos benefícios conquistados pela capacidade de aquisição da família (carro, casa, viagens, seguro saúde, entre outros). As evidências confirmam que as mulheres trabalham por salário e sem ele, e tornam claro que o trabalho doméstico a elas destinado é igualmente desmerecido e inferiorizado no contexto social; embora reconheça que trabalho remunerado e trabalho doméstico diferem em muitos aspectos, torna-se importante ressaltar a união de sentidos entre eles na esfera biológica social para fim de reconhecimento econômico e social, como capital legítimo.

Concluindo, há consenso que fatores que atuam de forma simultânea e integrada foram os responsáveis pela inclusão da mulher no mercado de trabalho:

- A necessidade de complementar ou prover renda familiar.
- A abertura de postos de trabalho considerados mais adequados ao perfil feminino.
- A busca de participação mais ativa na vida social.

No entanto, essa inserção não se caracterizou de forma igualitária quando comparada à dos homens, e os rendimentos têm sido expressivamente menores, com diferença crescente nos últimos anos.

As tarefas cotidianas no âmbito familiar ainda são de responsabilidade da mulher, especialmente as cônjuges, parcela mais significativa do mercado de trabalho feminino, o que significa assumir a dupla jornada de trabalho como fato cada vez mais real.

Os trabalhos realizados são relativos a atividades estereotipadas como próprias de mulheres: secretárias, professoras, enfermeiras, etc., embora se observe o aumento das ocupações em cargos gerenciais e de direção, reforçando os atributos de competência e educação como fatores determinantes do preenchimento de posições mais altas no mercado de trabalho.

Os índices de trabalho autônomo demonstram a maior fragilidade da ocupação feminina em relação aos homens, e observa-se a dualidade entre maior qualificação do trabalho feminino de um lado e maior desqualificação e exclusão do outro. Esse cenário, apoiado na divisão social e sexual do trabalho, continuará sendo explorado pelo capital e se transformará sempre que habilidades e fatores de diferenciação forem fonte de lucro. É este, na realidade, o principal motivo para a contratação de mulheres por salários que constituem verdadeiras barganhas: suas habilidades no relacionamento cada vez mais são necessárias em uma economia informacional.

Se essas transformações, de um lado, geram oportunidades, têm, por outro, acentuado a exclusão social e a perda salarial constatada nos últimos anos, fazendo com que cada vez mais o contingente de trabalhadores "aventure-se" pelo mercado informal de trabalho, no qual se insere a venda direta como forma de sobrevivência ou tentativa de reposição de perdas salariais.

Por conta própria:
a cultura empreendedora

Abrir o próprio negócio, tornar realidade aquilo que um dia foi sonho, assumir riscos em busca de realização pessoal e profissional fazem parte das características dos brasileiros, e especialmente do comportamento das mulheres nos dias de hoje.

Muito mais próximas das questões do cotidiano, as mulheres lançam mão dessa sabedoria acumulada há milênios para empreender negócios que associam normalmente o bem-estar individual ao coletivo. Desenvolvem ações que procuram melhorar a vida das pessoas, criam alternativas empreendedoras de trabalho para sua sobrevivência e para crescimento de seus familiares, fazendo da incerteza uma oportunidade, num ambiente de trabalho que exclui, é mais competitivo e globalizado.

Com o seu jeito de "colocar em prática", a mulher atual vai criando e buscando alternativas de trabalho e realização. Cada sucesso alcançado em uma nova empreitada atua como motivador para novas iniciativas; cada fracasso serve de experiência e aprendizado para novas tentativas, despertando em outras mulheres, por meio do exemplo, a capacidade de driblar crises e adversidades, e fazer a vida acontecer.

Por empreender pode-se entender colocar em prática, transformar idéias em ações. Cultura empreendedora significa integrar pessoas que inovam em áreas, produtos e serviços, tendo como alvo a lucratividade ou avanços sociais. Para muitas, a forma empreendedora surge por meio de trabalhos autônomos ou pequenos negócios, quase sempre instalados em suas casas. É a forma encontrada para superar barreiras, crises econômicas conjunturais do país, limitações profissionais impostas pelo mercado de trabalho, atribuições familiares, ou uma resposta ao desemprego crescente.

Quando se fala em pequenos e micro empreendimentos situados na economia informal, observam-se características e exigências que correspondem a grandes desafios, em atividades com aspectos próprios como forma de sobreviver. Algumas dessas características importantes podem ser assim apresentadas:

- Muitas vezes, a mão-de-obra utilizada é familiar.
- O negócio ocorre na própria casa.
- A ocupação e os ganhos são incertos.
- Utiliza-se uma estrutura mínima (máquina de costura, por exemplo).
- Existe pouco ou nenhum capital de giro para manter a atividade.
- O empreendimento fica à mercê do tempo disponível dos envolvidos e das oscilações do mercado.

Empreender, em qualquer circunstância, é assumir riscos, é ter vontade de crescer, é ter um projeto muitas vezes em que se aposta a sobrevivência. A descoberta de novos nichos de atuação é, talvez, a maior marca da presença feminina na cultura empreendedora. Atuando como consumidoras, as mulheres adquirem uma sensibilidade apurada para captar suas próprias necessidades não atendidas, comparar essas necessidades com as de outras mulheres e formular uma via de ação para atendê-las, normalmente com produtos e serviços mais direcionados ao público feminino.

Esse fenômeno tem sido um dos mais expressivos na inserção e consolidação da participação feminina no mercado de trabalho. Elas exercem, com seu sentido empreendedor, as mais diferentes formas de serviço: massagem em domicílios, serviços para idosos, consertos de roupas, fabricação de doces, artesanato e... venda direta. Essas ofertas, que vêm ao encontro das necessidades das novas consumidoras, são bem aceitas, surgindo desse relacionamento um trabalho pessoal, normalmente "de mulher para mulher".

As características femininas cada vez menos são vistas como limitantes para serem transformadas pelo capital em vantagem competitiva. Em um mundo de serviços, os consumidores atuais prezam pelo atendimento personalizado, relacionamento individual e empatia, características identificadas como genuinamente femininas.

Redes de relacionamento

Um dos grandes diferenciais das mulheres (bem explorado pelo capital) é a característica de praticar formas de trabalho associativas, cooperativas e em rede. O caminho mais promissor para o sucesso em microempreendimentos consiste em associar-se a pessoas, grupos e instituições com os mesmos fins, pois é possível melhorar a colocação de produtos, ter preços mais compensadores, melhor distribuição dos produtos e prestação dos serviços, além de favorecer a formação de redes e articulações de pessoas, grupos e instituições em torno de estratégias e alianças definidas.

As redes são um dos principais e mais antigos meios de união das pessoas, socialização e formas de organização no cotidiano das famílias, grupos e equipes de trabalho. No entanto, o conceito de redes ganha novas configurações, possibilitadas pela tecnologia e acumulação flexível, quando mobilizações mais amplas da sociedade tornaram visível a capacidade sinérgica de pessoas ao redor dos mesmos objetivos.

É no interior da rede, cujo combustível é a sinergia, que se pode trocar experiências, divulgar ações, comentar êxitos, confidenciar fracassos e inseguranças, e especialmente unir forças para conquistas pessoais e coletivas.

Outra característica das redes é sua capacidade de aproximar e articular o indivíduo e a proposição de suas idéias: em um mundo cada vez mais internacionalizado, regido pelo capital transnacional e pela hegemonia de mercado, as redes representam alternativas de exercício de poder e influência local. As redes trazem novos elementos culturais emergentes, como:

- Articulação de novos protagonistas e movimentos sociais.
- Formas de comprometimento e autonomia, propondo uma participação mais direta.
- Cultivo de uma pluralidade organizacional e ideológica, com o fomento da diversidade cultural, desde que mantidos alguns princípios básicos norteadores de ações comuns.
- Atuação em torno do binômio liberdade e sobrevivência com responsabilidade.
- Ações orientadas, em especial, por intermédio de três movimentos: o de mulheres, o ecológico e o social-popular.

Com isso, abrem-se novas possibilidades para as mulheres que descobrem vias inteiramente novas e surpreendentes de organizar-se, sustentar suas famílias, formar seus filhos e realizar-se profissionalmente. Unindo-se a outras em cooperativas e associações, integram-se às redes de participação, buscam na união e cooperação formas de renda, realização pessoal e profissional.

A venda direta insere-se nesse universo; caracteriza-se por um tipo diferente de relação com as empresas. Enquanto as organizações consideradas tradicionais comportam uma estrutura que tem como base o modelo burocrático, as organizações de venda direta concentram a venda, a distribuição e a divulgação de seus produtos e serviços em seus representantes, utilizando-se e fomentando em especial as redes de relacionamento de seus autônomos.

A mulher vencedora

As principais características para uma mulher poder atuar e vencer em venda direta são:

- eficiência no uso do tempo
- muita energia
- empatia
- ser ativa
- conhecer o produto
- sentido prático
- reconhecer e aproveitar oportunidades
- desenvolver capacidades específicas
- reconhecer suas próprias virtudes e habilidades
- saber assessorar-se por especialistas

Essas características têm sido de extrema valia para o crescimento desse negócio, que hoje envolve quase dois milhões de mulheres no Brasil. A venda direta surge como um trabalho informal, com possibilidades de ganho, formas de realização, motivação e renda, com baixo risco, especialmente para aqueles que, por falta de condições, nada podem perder.

CAPÍTULO 3

SERVIÇOS, VENDA DIRETA E VALOR

A Associação Brasileira das Empresas de Venda Direta (ABE-VD) define **venda direta** como um sistema de comercialização de bens de consumo e serviços, realizados por intermédio do contato pessoal entre vendedor e comprador, normalmente fora de um estabelecimento comercial fixo. Ela vem representando uma parcela significativa da geração de renda da população, permitindo ganhos proporcionais à dedicação, com flexibilidade de horário, não exigindo normalmente uma alta qualificação para sua execução.

Mercado crescente

Segundo a *World Federation of Direct Sales Association* (WFD-SA), entidade que representa as maiores empresas do mundo que trabalham com venda direta, existem aproximadamente 1.300 organizações nesse ramo de atividades em todo o planeta, que envolve atualmente mais de 40 milhões de pessoas. De acordo com a entidade, esse setor tem apresentado crescimento constante nas duas últimas décadas, independentemente da região, costumes ou cultura do país em que atue, mostrando aumento de resultados econômicos, capacidade de gerar empregos e renda para as pessoas envolvidas.

No Brasil, esse mercado absorve, atualmente, um contingente de vendedoras e vendedores autônomos estimado em mais de dois milhões de pessoas. Sendo esse trabalho praticado notadamente por mulheres (96% do total), caracterizando essa atividade como eminentemente feminina, esse contingente de pessoas atua principalmente em:

Cuidados pessoais – 81%

Produtos para casa – 18%

Nutrição e alimentação – 0,8%

Lazer e produtos educacionais – 0,1%

Outros – 0,1%

Pode-se estimar, conforme esses números, que a atividade da venda direta no segmento de cuidados pessoais envolve, atualmente, aproximadamente 1 milhão e 800 mil pessoas.

Antes do próprio produto atingir seu resultado de uso, ele já se encontra ativo pela apresentação verbal realizada pela vendedora direta. Grande parte das funções do produto é concretamente preenchida pelo desempenho pessoal dessa profissional que, por esse sistema de vendas, passa a ter também o papel de transmitir a melhor imagem e qualidade dos produtos, seus resultados e benefícios futuros.

Enquanto assessora o cliente quanto ao seu tipo de pele e aparência, muitas vezes com palavras solícitas e expressão de orgulho com o trabalho que realiza, as vendedoras diretas criam empatia, relacionamento e amizade, envolvendo-se no cotidiano de seus clientes, geralmente formado por pessoas de sua comunidade, trabalho, vizinhança ou no próprio ciclo de amizades que mantêm.

Elas fazem parte direta do elo da cadeia de valor desse negócio referente à distribuição, venda e relacionamento, portanto fundamental para o resultado. Nessa forma de relacionamento, a vendedora direta transmite a imagem da marca, demonstra os produtos e sua diferenciação, enquanto orienta seu cliente e fortalece o relacionamento para compras futuras, construindo uma relação que, muitas vezes, supera o contato comercial, formando-se amizades e vínculos de convívio. Moldada pelo diálogo e pela "consultoria em beleza", a vendedora direta é o grande diferencial desse negócio.

Negócio com "jeitinho" feminino

Trabalhando como autônomas, grande parte dessas profissionais vivem em condições instáveis, salvo exceções, sendo parte significativa dos excluídos do mercado formal de trabalho, que têm, nessa atividade, condições de gerar sustento ou complementação para si e para suas famílias. Existe, contudo, outra parcela constituída por mulheres que trabalham formalmente, mas que se dedicam a essa atividade por possibilitar complementação de seus rendimentos e relacionamento pessoal como principais fatores.

A grande participação feminina no mercado de trabalho, e novas formas de intimidade e relacionamento aliadas à maior comunicação afetiva entre as pessoas colaboram para o crescimento da venda direta, que é baseada no relacionamento pessoal. As pessoas tratamse de modo amistoso, mas, ao mesmo tempo, todos aceitam que há nisso um subtexto de que se forjam contatos úteis. Com o subtexto de relacionamento, a vendedora porta a porta vai formando sua rede, seu mercado, vendendo produtos para melhorar a imagem das pessoas, enquanto faz dessa atividade sua fonte de renda por intermédio dessa relação.

As empresas de venda direta, sem exceção, sabendo da dependência desse negócio ao êxito da vendedora direta, trabalham fortemente o relacionamento e o espírito empreendedor feminino. Nem poderia ser de outra forma, pois esse setor realiza seus lucros nas mãos dessas autônomas, que, se desmotivadas e dispersas, comprometem a sobrevivência do negócio.

Como forma de mantê-las unidas e motivadas, essas organizações fomentam ritos, festas, formas de premiação, viagens, reconhecimento e prêmios de forma peculiar, várias vezes superiores à média do mercado, que reforçam e estimulam as vendedoras a serem especialmente empreendedoras, apoiando-se em dois atributos da mulher, que vêm tendo importância crescente no mundo do trabalho:

- Flexibilidade e atenção intuitiva para fenômenos sociais e pessoas.
- Versatilidade, capacidade de agarrar oportunidades, suportar desapontamentos, refazer e repetir tarefas.

Assim, a vendedora direta transforma-se numa empreendedora genuína que, do seu jeito, caminha para apresentar e vender seus produtos e aumentar sua renda, ganho que, para muitas delas, é impossível de se obter no mercado de trabalho atual.

Relacionamento é valor

O processo de democratização das relações sociais, dentro do tratamento de igual para igual, age como um dos fatores determinantes na formação de redes de relacionamento, instrumento e manutenção de intercâmbios e contatos numa sociedade aberta. As redes, por sua vez, permitem um relacionamento ativo e aberto com outras pessoas, envolvendo o que se convencionou chamar de *confiança ativa*, como é o caso de muitos setores sociais.

As redes possuem características igualitárias, invocam a retórica da intimidade e a capacidade de se relacionar. Ainda que isso seja diferente da amizade, várias vezes aproxima-se ou gera aproximação suficiente para formar vínculos amistosos.

Um bom exemplo dessa característica é como as pessoas, hoje em dia, passam rapidamente a tratar-se pelo primeiro nome logo após a apresentação ou ao se despedir, já no primeiro contato. Essa postura define um processo mais informal de aproximação espontânea, o que pode ser caracterizado como versão simplificada da intimidade, mas, ao mesmo tempo, aceita e disfarça que há nesse processo um subtexto para que se forjem contatos úteis, gerando, com isso, o risco de que a amizade e a aproximação, como forma de relacionamento, passem a ser vistas como mercadoria.

Transpondo esse contexto para a vendedora direta, seu papel preponderante é ter a capacidade de fomentar bons relacionamentos para que possa ofertar seus produtos e serviços. A capacidade de comunicar-se é um dos grandes fatores de sucesso da venda direta, quando o relacionamento com a consumidora final passa a ser fonte de valor.

No caso da venda direta, o valor está muito mais no processo de venda, relacionamento e fomento da sedução pelo produto do que no produto em si, visto que é pelo contato pessoal e pelos conselhos e orientações dados pela vendedora direta que se estabelece a relação, permitindo comunicar o diferencial do produto e efetuar a venda.

Esse valor é transmitido à consumidora final por meio de dois componentes: o primeiro referente ao uso (atual e potencial) *de si mesmo*. O segundo é referente ao uso do produto e do serviço prestado. O uso *de si mesmo* significa um corpo saudável, uma pessoa melhor em relação à sua aparência, a utilização do produto e a satisfação atingida com o seu resultado. O segundo aspecto dessa abordagem nos leva à importância que a educação, competência e relacionamento da vendedora exercem no processo de formação da necessidade, atendimento e fidelização da consumidora.

Sabe-se que as sociedades mais desenvolvidas em termos de produção e serviços são também sociedades que se pressupõe em nível elevado de educação e cultura na prestação de serviços à sua população, o que significa que a verdadeira utilidade de um serviço consiste na transformação das condições da atividade do destinatário. Por exemplo, quando uma vendedora aborda o cliente para vender e explica como utilizar o produto, o sucesso do serviço dependerá da maneira como esse cliente é preparado para utilizar o produto vendido, gerando uma oferta de valor diferenciado, especialmente apoiada nos conselhos e orientações dados pelas vendedoras diretas, capacitadas pelas empresas para essa finalidade.

Nesse contexto, o relacionamento e a confiança tornam-se decisivos, pois a transformação do uso de si mesmo, por intermédio do produto, é o elemento-chave para o sucesso do serviço, que só acontece com o conhecimento das atividades, desejos e resultados esperados pelas consumidoras, diferentes entre si, que requerem informações, comunicação e entrega de produto diferenciada para cada uma delas.

Prestadora de serviço

Como aprofundamento do conceito de venda direta, interessa a análise dessa atividade ante as várias definições de serviço existentes.

Alguns autores conceituam serviço com base em quatro fatores:

- Produzir um serviço é obter uma mudança na situação de uma pessoa ou um bem de sua propriedade. Isso significa que existe um trabalho real e a necessidade de qualificação profissional para a realização dessa tarefa.

- A pessoa ou o bem citado são os destinatários do serviço; assim, a mudança de situação deve trazer alguma forma de vantagem a ele. Eventualmente, a pessoa transformada ou o bem de sua propriedade pode ser a mesma pessoa a quem se destina o serviço, como é o caso do serviço do tipo assistencial, quando a pessoa pode ser o objeto da interação com o serviço.

- A mudança é realizada por outra pessoa, que é chamada de prestadora de serviços. No caso da presente abordagem, é a vendedora direta que interage para mudar a situação da consumidora.

- Essa mudança é efetuada com a concordância da pessoa a quem se destina o serviço. O relacionamento entre vendedora e usuária do produto só acontecerá com a permissão desta, cabendo à vendedora utilizar de seu talento e competência para manter o relacionamento.

As definições clássicas de serviços utilizadas especificamente pela administração empresarial consideram o prestador de serviços e o seu destinatário como agentes de produção que se encontram por ocasião da troca ou prestação de serviço. Esquecem que esse prestador de serviço e esse destinatário são, eles próprios, produtos do processo de relacionamento e socialização que ocorrem durante a interação, mas que pode ter continuidade, devendo, portanto, ser analisado sob a ótica integrada e relacional, em vez do estudo pontual que limita as definições tradicionais, impedindo a análise do comportamento da relação ao longo do tempo, aspecto fundamental quando se fala de venda direta.

Outro aspecto a ser analisado consiste no fato de que as definições mais utilizadas quanto a serviço deixam de lado a questão de sua validade social, isto é, o alcance de sua legitimidade e, muitas vezes, o reconhecimento do serviço como forma de trabalho, renegando, inclusive, as atividades mais primárias como os trabalhos domésticos, a domicílio, e a própria venda direta como forma de relacionamento social. Alguns autores propõem o desenvolvimento de uma nova sugestão de valor, mais voltada para a prestação de serviços, denominada *valor-desempenho,* definida como a representação do valor sob a forma de um conjunto de desempenhos (custo, qualidade, variedade, inovação, atendimento e relacionamento).

Partindo dessa definição, é possível desenvolver formas dinâmicas de tomada de decisão para garantir o aumento da diferenciação e lucratividade das organizações, pois a noção de valor-desempenho constitui a oportunidade para a introdução do cliente como referencial principal do complexo de desempenhos. Todos os desempenhos reforçam sua avaliação, pois é ele que julgará a qualidade dos produtos e serviços produzidos.

Entretanto, a maior participação do cliente no processo decisório não afasta totalmente o modelo de serviço do modelo industrial, mas soma as características dos dois como forma de vantagem competitiva e valor de troca, em virtude de dois fatores:

1) O produto ofertado é forte fator de valor de desempenho na satisfação do cliente. Sempre que se falar da qualidade do bem e da prestação de serviço, os dois estarão associados. No caso da venda direta, esse aspecto é fundamental, dada a capacidade de atração que o produto transmite à usuária, caracterizando certa forma de fetiche.

2) A pressão crescente pela competitividade atual mantém a variável *custo* como fator central na economia empresarial, influenciando a qualidade do serviço. Nesse caso, as empresas que adotam a venda direta têm esse fator como aliado, pois, estando a vendedora autônoma preocupada exclusivamente em vender, ganhar e vender novamente, pode se dedicar mais ao relacionamento com o cliente.

O conceito de valor-desempenho transportado para o cenário da competitividade em serviços propõe uma dupla abordagem em relação ao valor do serviço sob o enfoque do cliente:

- Abordagem do valor do serviço a partir dos efeitos.
- Abordagem do valor do serviço a partir da conseqüência.

A abordagem do valor do serviço a partir dos efeitos ocorre quando há uma transformação nas condições de atividade do destinatário, cujo efeito é considerado válido e positivo por este. Assim, o que é avaliado é a modificação da situação de uma pessoa ou de um bem pertencente ao destinatário do serviço, sendo, portanto, a transformação do estado de uma realidade possuída ou utilizada por um consumidor. Por exemplo: quando uma doença é cuidada e curada, transforma as condições de atividade do paciente; a saúde, nesse caso, representa um certo tipo de atividade de uma pessoa, logo o serviço prestado não é o tratamento médico, é a saúde recobrada, ou seja, o efeito obtido.

No caso da venda direta, o efeito está vinculado ao produto que deverá atingir as expectativas apresentadas pela vendedora. Caso isso não ocorra, o serviço não foi prestado de forma a satisfazer o cliente.

A abordagem do valor do serviço a partir da conseqüência ocorre quando o serviço passa a ser a forma mais eficiente com que os recursos são disponibilizados e mobilizados, visando compreender, produzir e transformar para corresponder às expectativas do destinatário final. Essa abordagem sugere que o serviço é avaliado pelo usuário. Primeiro é avaliado o resultado da interação produzida pelo serviço e segundo a eficiência dos recursos mobilizados para produzi-lo e seus resultados.

Com isso, pode-se dizer que não pode haver avaliação mecânica do serviço, baseada em simples indicadores numéricos de valor e da produtividade em serviço. Um serviço é sempre submetido a uma avaliação e a um julgamento. Essa avaliação tem como base a relação entre três variáveis:

1) O que o cliente espera do serviço?
2) Quais conseqüências são efetivamente produzidas e em que medida correspondem à expectativa inicial?
3) Como foi a prestação do serviço? (processo e procedimento)

Quando se fala no trabalho da vendedora direta, seu papel preponderante é atingir, de forma positiva, os três requisitos acima. Mesmo que seu nível social e educacional possam estar abaixo do esperado pelo cliente, ela só obterá êxito em sua atividade se conseguir manter o relacionamento e a fidelidade desse usuário, conquistada pela prestação do serviço com base no valor-desempenho.

A qualidade dos serviços

Alguns autores propõem quatro tipos de avaliação dos serviços por parte do usuário: avaliação de utilidade, avaliação de justiça, avaliação de solidariedade e avaliação estética.

Avaliação de utilidade – É o critério de valorização do serviço mais utilizado. Por esse critério, um serviço se propõe a produzir resultados úteis à atividade do destinatário. Tais resultados, para serem percebidos como úteis, devem proporcionar serventia, alterando as condições da atividade do destinatário. Como exemplo, pode-se dizer que a conseqüência da formação profissional de uma pessoa é a transformação que resulta na maneira como poderá, a partir dessa nova formação, desenvolver sua atividade profissional em função dos novos conhecimentos adquiridos. O resultado, nesse caso, é a utilidade que a nova capacitação proporciona; se esse efeito não ocorrer, o serviço não terá sido realmente prestado. Essa constatação pode ser expandida para: o uso de si condiciona quase sempre o uso dos serviços. Por exemplo, quando uma vendedora direta realiza a venda de seu produto à consumidora, o serviço da venda depende da maneira como a cliente foi preparada para utilizar o produto. É por essa razão que o vendedor direto muitas vezes é chamado nas organizações produtoras de *consultor*, como forma de motivação e conscientização de seu papel no processo de diferenciação, contribuindo para o êxito na utilização do produto e firmando a transformação desejada pelo consumidor.

Avaliação de justiça – A avaliação de justiça é relacionada ao aspecto social do serviço. A preocupação social das empresas passa a ser diferenciada e reconhecida na forma de serviço prestado, sendo transmitida pela vendedora e percebida pela usuária do produto e serviço. Na prática, deve ser refletido no equilíbrio entre o papel social da empresa, sua demanda social e a oferta comercial, reforçando o valor do benefício do serviço e produto, levando ao reforço do conceito de valor-desempenho por parte do cliente.

Avaliação de solidariedade – A avaliação de solidariedade se manifesta por intermédio das exigências de cooperação e de compartilhamento. O valor do serviço adquire um sentido de processo. Basicamente, essa é a forma de atuar da vendedora direta, cooperando e compartilhando com o cliente, transferindo seu conhecimento, ensinando e participando dos resultados. Nesse processo, a comunicação passa a ocupar papel preponderante como forma dos atores do serviço (vendedora e destinatário) definirem juntos o caminho dessa relação. Isso fica mais claro quando, em linguagem informal, falamos em prestar um serviço, o que significa agregar uma decisão de solidariedade a um ato ou produção concreta endereçada a outro, expressando a interdependência dos indivíduos e de suas atividades. Formas de compreender as necessidades e o momento de vida do outro estão aqui inclusas, sendo esse um dos importantes papéis que cabe à vendedora direta como forma de manter um relacionamento duradouro, consideração e confiança, até mesmo na entrega de produtos para experimentação, gerando respeito mútuo entre vendedora e cliente traduzido na consolidação do relacionamento proposto.

Avaliação estética – A capacidade de transformação do serviço está relacionada à avaliação estética percebida pelo cliente, que a associa à emoção, sendo possível que esse sentimento e ação para com o serviço modifiquem sua conduta na vida ou na sua atividade. A avaliação estética se exerce na tessitura dos afetos, das emoções, e as mudanças que ela provoca são rearranjos emocionas e éticos, que dependem da intensidade com que uma obra de arte toca a pessoa. A avaliação estética é um misto do belo e do bom, ao mesmo tempo associada a formas de apreço. Prestar serviço a dada pessoa, estimulando sua avaliação estética, significa mobilizar uma ou mais pessoas para um círculo de apreciadores que compartilham e desenvolvem um certo gosto específico e, por conseguinte, ativam disponibilidades comunitárias a respeito do bom e do belo. Dessa forma, o serviço passa a ocupar lugar de apreço perante pessoas e comunidades que compartilham o mesmo grau de avaliação. A importância dessa avaliação na produção do serviço é constatada quando o próprio envolvimento da pessoa ou comunidade se mobiliza ao redor da marca, unindo-a ao respeito, ética, qualidade e serviço, fundamentais para estas organizações.

A avaliação estética é desenvolvida em quase todas as atividades humanas. A produção de uma relação possui e produz uma estética própria, que reside no estilo empregado na relação, na beleza, na sensibilidade e na capacidade de troca. Essa avaliação pertence ao receptor, porém ela só existe se for compartilhada entre pessoas. Ela está no resultado que o produto e o serviço geram, graças à linguagem de beleza empregada que nasce de uma empatia e que a transpõe na forma de expressar e interpretar as coisas que tocam as pessoas e as unem ao mesmo tempo.

Todos aspiram, pessoalmente, a beleza (física e interior) como forma de contribuição para uma vida profícua e feliz. Contudo, deve-se realçar o tênue equilíbrio entre a avaliação estética real e a manipulada pelo capital. Pode-se dizer que o comércio das emoções tornou-se um dos ramos de atividades mais lucrativas nas últimas décadas, trazendo consigo o reflexo que o *servir nem sempre é acompanhado do sentimento pleno*, tal como foi definido. O serviço não se realiza em um estado puro ou isolado; ele só se manifesta em complexos produtivos, nos quais o interesse pelo capital pode se sobrepor ao interesse e à realização pessoal ou do coletivo.

A venda direta e o relacionamento como recurso

Retomando a definição de serviço, pode-se afirmar que serviço é uma forma de organizar e mobilizar, o mais eficientemente possível, os recursos para interpretar, compreender e gerar a mudança perseguida nas condições de atividades do destinatário, normalmente definindo-se como relação com o cliente.

Quando se fala em eficiência, atrela-se o resultado dos recursos às expectativas do capital, e essa relação a critérios econômicos que dominam. Assim, é importante desenvolver os conceitos pertencentes a esse arcabouço, permitindo analisar a relação do serviço com o capital. Como principais fatores dessa eficiência, propõe-se:

- Identificar e conhecer as necessidades do cliente/usuário.
- Interpretar e compreender essas necessidades.
- Desenvolver as condições da compreensão.
- Produzir uma solução.
- Gerar a transformação.
- Estabilizar o novo hábito/cultura.

Identificar e conhecer as necessidades do cliente/usuário significa que a competência humana profissional revela-se, desde o início, decisiva na eficiência da produção de um serviço, pois é preciso interpretar e compreender as expectativas do usuário quanto ao resultado a ser gerado. É nessa interação social que se situa a especificidade da atividade e da responsabilidade humana. A capacidade de prestar serviços eficientes e relacionar-se baseia-se, primeiramente, em conhecer com profundidade o cliente, descobrir por que e para que ele precisa ou quer determinado serviço. Esse conhecimento exige, como recurso, ter tempo e contar com a cooperação do cliente, que significa gerar relacionamento suficiente para que se conquiste esse nível de conhecimento. Nesse aspecto, a capacidade de gerar empatia ganha importância fundamental como fator de aprofundamento do relacionamento, sendo um dos momentos decisivos para que se perpetue a relação. A necessidade de conhecer as condições de atividade do destinatário pode levar a empresa de serviço a desenvolver um conjunto de técnicas de levantamento de informações conhecidas atualmente como softwares de gestão do cliente.

Interpretar e compreender significa que a maneira mais prática para desenvolver esse entendimento é o método empírico, perguntando sempre, para que se chegue a identificar e compreender o cliente. Interpretar é atribuir um significado a enunciados lingüísticos e corporais, no caso específico entre a vendedora, ofertando as informações que interessam a ele. Logo, a competência da profissional consiste em desenvolver e construir uma interpretação a partir de informações oferecidas pelos clientes. A interpretação é uma fase do processo de venda relacionada à compreensão e identificação da transformação que o cliente deseja e à expectativa gerada. É nesse ponto que se estabelece uma comunicação autêntica. Na venda comercial tradicional é comum os vendedores não tentarem identificar o problema do cliente, e isso normalmente tem uma razão: o empregador não lhes pede isso. Ao contrário, o que se observa são produtos e serviços sendo empurrados para o cliente, sem que o vendedor comercial tente, pelo menos, identificar ou compreender suas necessidades por meio de um diálogo construtivo com as perguntas básicas. Pode-se dizer que, nesse processo, o vendedor não leva a sério o valor do serviço. Com as vendedoras diretas ocorre o oposto, pois elas tentam desenvolver uma conduta compreensiva, demonstrando seus produtos, aprofundando seus relacionamentos, interpretando e compreendendo a necessidade do cliente, caso contrário não conseguirão realizar sua venda.

Desenvolver as condições da compreensão refere-se à mobilização da competência dos funcionários da organização para atender o cliente, graças às trocas de experiência no interior coletivo do trabalho. Embora os empregados da retaguarda não mantenham contato direto com o cliente, eles asseguram a produção do serviço ou do produto a ser entregue pelo desenvolvimento da compreensão do que ocorre fora da empresa, normalmente trazido pelos vendedores.

Produzir uma solução tem como objetivo produzir, com eficiência e recursos necessários, a solução ideal para o cliente, que gerará a transformação almejada. Existem alguns modos para se produzir essa solução:

- Quando surgem expectativas que exigem a elaboração de soluções particulares. Nesse caso, é preciso construir, em conjunto com o cliente, a solução que irá corresponder plenamente à sua transformação. A vendedora assume o papel de assessora, reunindo os requisitos para atender a oferta solicitada. Pelo contrato comercial entre a vendedora e a empresa, caracterizado pela não exclusividade, a vendedora pode oferecer soluções alternativas para seu cliente, mantendo a relação, o profissionalismo e demonstrando capacidade para solucionar o problema existente.

- Quando as expectativas dos clientes demandam interpretação e compreensão, como é o caso da venda direta, pode-se atuar direcionando a comunicação, de forma ética, para respostas e argumentos mais normatizados, partindo da premissa que a maioria das expectativas segue um determinado padrão, influenciada especialmente pela demanda social. Assim, a capacidade de sedução do produto – fetiche do produto – passa a ser importante diferencial para a solução requerida.

O fetiche do produto

Para uma troca ter sentido, é preciso que o respectivo proprietário disponha-se a ceder o que possui a um não proprietário disposto a possuir. Somente quando esses dois mecanismos se ajustam pode-se dizer que uma troca é efetivada. O único valor que faz sentido é o valor de troca, isto é, aquele relacionado à quantidade de uma mercadoria ou dinheiro, que pode ser trocado por um produto, serviço ou algo que se queira, inclusive o próprio dinheiro.

O impulso motivador e o objeto ou serviço determinante correspondem à parte presente na troca para que se deseje possuir o valor de uso da mercadoria em questão, enquanto a própria mercadoria pode ser encarada como meio para se atingir um fim específico.

Da perspectiva do valor de uso, o fim da compra é alcançado quando o objeto comprado é útil e desfrutável; portanto, o valor de uso só desempenha seu papel quando o comprador se apropria dele como mercadoria. Desse modo, desde o início da elaboração dos conceitos capitalistas de troca, situa-se a relação entre valor de troca e valor de uso. Vale o que Marx acentuou, com veemência, nos *Manuscritos parisienses*: todo produto de produção privada com o qual se pretende atrair a essência do outro, seu dinheiro, é a única coisa importante para o valor de troca. Por outro lado, toda necessidade real ou possível do homem significa uma fraqueza que levará a mosca à armadilha. Onde quer que haja carência e necessidade, surge um proprietário de mercadorias oferecendo os seus "amáveis préstimos" com amabilíssimas aparências para logo em seguida apresentar a conta.

Essas características aplicam-se ao processo de venda direta. Primeiro, a vendedora compra a mercadoria pelo valor de uso, definido pelo fabricante (em média, 30% abaixo do valor de venda para o consumidor final); em seguida, o produto é colocado à disposição do cliente, junto com seus préstimos e conselhos de beleza, aumentando o valor de troca para o consumidor, até que se efetue a venda, prometendo o efeito esperado durante o uso do produto pelo consumidor (valor de uso) que, se satisfeito, poderá pedir novos produtos como fruto de uma bem-sucedida experiência de valor de troca.

Em seus escritos sobre o capital, Marx descreve o fetichismo das mercadorias como a tendência de tratá-las como fetiches, ou seja, objetos ditos como dotados de características especiais ou mágicas, que lhes conferem um sentido de prestígio, cuja busca e valor de troca são superiores. Quando o produto vem acompanhado por uma *consultora pessoal de beleza*, esse fetiche aumenta, pois a ele são somadas as relações sociais subjacentes e a capacidade de identificar, interpretar, desenvolver e gerar a solução requerida para o problema de aparência específico do cliente, embora normalmente a explanação sobre o produto possa aparentar mais do que ele possa oferecer. A melhoria da aparência é o valor de troca pelo produto e pela consultoria dada.

Ao interpretar as necessidades dos consumidores, a vendedora direta passa a ser mais que uma vendedora de mercadorias; ela passa a ser alguém que conhece o que as pessoas querem e precisam, tendo a capacidade de apresentar aspectos que melhoram sua aparência, influenciando diretamente na expectativa da consumidora e no tempo de relacionamento. Da perspectiva da empresa, por mais que esteja imbuída de nobres propósitos ao produzir seus produtos, e tendo essa forte dependência de distribuição pelo canal da venda direta, quanto mais for fomentado, realizado e perpetuado o bom relacionamento com a consumidora, mais valor terá a relação de troca, e, conseqüentemente, maior retorno para o capital.

Esse negócio vive, portanto, essencialmente da relação entre a vendedora e suas consumidoras, sua capacidade de relacionar-se e, por intermédio desse relacionamento, aumentar o valor de troca e valorizar a marca do produto, o que, conseqüentemente, aumentará a valorização do capital investido.

A vendedora, treinada constantemente pelas empresas produtoras, oferece seus serviços de especialista em maquiagem, tratamentos para a pele e conhecimentos sobre cosmetologia às suas consumidoras, definindo a relação entre elas com os melhores produtos que serão utilizados, superando, dessa forma, o simples valor de uso, aumentando o valor de troca e seduzindo para o valor de estima e fetiche do produto. O forte envolvimento das vendedoras com o produto é um dos principais aspectos que motivam uma usuária a transformar-se, posteriormente, em vendedora.

Todas essas transações, valorização da marca, diferencial da consultora, publicidade constante, somadas à moda e aos modismos criados, atuam de forma sinérgica como ingredientes da capacidade de transmitir sucesso na profissão, realização profissional, felicidade pessoal, amor e saúde, com um só objetivo: atingir o interesse do capital na obtenção de maiores lucros.

Com os vários treinamentos, encontros e palestras realizados pelas empresas produtoras, vão sendo transmitidas às vendedoras formas de orgulhar-se de sua atividade, para que se sintam motivadas, potencializando sua capacidade de venda, transmitindo aos seus clientes entusiasmo e realização, atraindo as pessoas a consumirem os produtos ou a se tornarem vendedoras diretas, garantindo, assim, o constante crescimento dessa rede.

A natureza do proprietário do dinheiro a ser gasto na compra é observada, fortalecida e atendida em qualquer desejo, arbitrariedade ou capricho, à medida que o capitalismo industrial excita nele prazeres e vontades para atendê-las. Quem busca o amor faz-se bonito e amável por meio de jóias, tecidos, perfumes e maquiagem.

O fetiche da mercadoria na alma do comprador depara-se com os limites do mercado. Enquanto muitos produtos concorrem entre si num determinado contexto, a atração e o sentimento pela mercadoria relacionada à aparência mantêm o consumidor ligado à ela. A estética da mercadoria ganha um significado qualitativamente novo, desligando-se do produto em si e assumindo novas mensagens, embalagens e *slogans*, cuja apresentação é reforçada pela mídia, lingüística e marca.

Existem mercadorias que não são analisadas somente pelo valor de uso e sim pelas mensagens e símbolos transmitidos pela marca, o que ela promete, e a visão do consumidor da empresa produtora, o que reforça e legitima a qualidade do produto e serviço enquanto motivam as vendedoras a comercializá-los, e as consumidoras a utilizá-los.

O fato é que a imagem da marca reúne, ao mesmo tempo, a expressão, a comunicação e o fetiche que a envolvem, favorecendo seu poder de exploração de novos setores de negócio e abrangência de mercados. Essa constatação reforça o fato de que a imagem, várias vezes, não está só relacionada ao objeto ou serviço e sim ao *sentimento de recepção* dessa marca pela massa consumidora, trazendo conceitos referentes à reputação, estereótipos, concepção pública e sensações de satisfação, posicionando o valor de uso em um segundo plano ou, enquanto passa a predominar o plano da imagem e do fetiche que a envolvem, transfere ao produto e serviço a categoria de formador de opinião.

Como as inovações tecnológicas nesse setor dependem de anos de pesquisa e vultosos investimentos, o fetiche do produto passa a contar com um forte aliado: a estética da embalagem. Empresas produtoras, como a Avon, são famosas pelas embalagens de seus produtos, muitas vezes guardadas pelas pessoas por anos, mesmo após seu uso, reforçando constantemente a imagem, o símbolo da marca e o sentimento a ela relacionado.

Essa técnica, conhecida como *inovação estética*, atua, sobretudo, na parte das mercadorias destinadas ao consumo privado, pressupondo a subordinação do valor de uso ao valor da marca. Na inovação estética, as mercadorias mudam, em especial, pelo apelo à sensação e emoção, o que aparece refletido nas mudanças de embalagens e simbologia do produto, demonstrando seu caráter de fetiche na utilização pelo capital. Assim, numa estação do ano as gravatas são finas, em outra, são largas, as camisas são lisas, depois listradas, os saltos dos sapatos aumentam ou diminuem, os cremes e os cosméticos mudam, os tipos e formas de maquiagem alternam-se como parte natural do mundo da mercadoria.

O que deve ser ressaltado do ponto de vista do capital é a crescente capacidade de gerar dinheiro com produtos e serviços, ocasionando a valorização da marca, cada vez mais fator de diferenciação e lucro.

Esse fator tornou-se tão forte nos últimos anos que forçou os sistemas tradicionais de contabilidade e finanças a desenvolverem novas técnicas que permitissem essa mensuração que, em muitas vezes, superam o valor real contábil da organização. Estar presente em vários *rankings* atuais como *as melhores empresas para se trabalhar, empresa ecologicamente correta, empresa boa cidadã* e *empresa amiga da criança*, entre outros, reveste as organizações com o manto da excelência e as torna mais admiradas e respeitadas junto à massa consumidora, o que é altamente relevante para o capital como forma de ganho.

Produzir fetiche de todas as formas faz parte da sobrevivência da indústria de cosméticos. Poucas mercadorias são tão simbólicas como essas. Perfumes marcam épocas na linha do tempo, cheiros passam de características marcantes de status em determinado período, para posteriormente se tornarem "cafonas", cremes marcam estações *(bronzeador Rayto de sol...)* e são durante um determinado tempo admirados, para posteriormente caírem em desuso, fazendo com que as gerações de mercadorias diferenciadas ou hipoteticamente diferenciadas sejam como estações do ano, que se seguem uma após outra.

Sob o ponto de vista do capital, o fenômeno ocorre na esfera natural desse negócio, porém com velocidade e adequação próprias, extremamente rápidas, pela necessidade constante de seguir a moda, modismos e momentos sociais, marcando a história e as relações sociais. Enquanto o capital procurar meios de crescer, a inovação estética continuará firmando-se como instrumento do capital, com a incumbência de reavivar constantemente a procura por produtos e serviços, modificando, a todo momento, o desejo sobre a mercadoria e sua simbologia no tocante à percepção, sensação e satisfação de necessidades.

A partir dos anos 1960, os cuidados com o corpo que eram essencialmente relacionados à higiene pessoal e pouca maquiagem no rosto feminino vão ganhando contorno de estética corporal, sentido de realização pessoal e felicidade, fazendo emergir um dos principais mercados de consumo dos últimos 20 anos, com crescimento constante em todos os países, gerando um novo arquétipo de felicidade, agora relacionado ao estar bem consigo mesmo por meio do corpo e da aparência, para homens e mulheres. A mídia sugere que aquela pessoa que não cuida de si é encarada como desleixada ou "por fora". Boa aparência tornou-se requisito fundamental para a conquista de emprego, enquanto a própria ética e moral são cada vez mais relacionados à aparência pessoal.

Conscientes desse modelo e participando ativamente dele, as indústrias de cosméticos e os meios de comunicação bombardeiam os consumidores com novos produtos e serviços a cada dia, divulgando de forma maciça as novidades, novas formas de pagamento facilitado, popularizando tratamentos estéticos, entre outros, na busca contínua pelo lucro e produção de mais valia.

Como forma de realização e diferencial competitivo, surgem empresas que vendem seus produtos adotando o conceito de venda direta por intermédio de suas *vendedoras de beleza*: pessoas que visitam e se relacionam com seus clientes com o objetivo de divulgar a marca, transmitir a *magia do produto*, orientá-los quanto ao uso e benefícios, enquanto buscam sua fidelização e, conseqüentemente, lucro.

A importância dos aspectos sobre o corpo, beleza e aparência nos remetem à sedução que esses produtos conseguem gerar atualmente nos consumidores e na sociedade. Atuando como objetos de desejo, os produtos de beleza passaram a ser cobiçados não somente pelo seu valor de uso, mas especialmente pelo seu valor de troca e sentimento que propiciam. Marcas de cosméticos ganham vitrines exclusivas, embalagens sofisticadas comparadas a obras de arte assinadas por grandes artistas. Quantidades exclusivas de um determinado produto são produzidas e vendidas como se fossem para colecionadores, denotando um crescente sentimento de fetiche pelos produtos de beleza. Esse é o assunto do próximo capítulo.

CAPÍTULO 4

O CORPO E A APARÊNCIA COMO MERCADORIAS DA MODERNIDADE

Durante séculos, o ser humano tentou definir, por meio das ciências, das artes ou da filosofia, o que era a beleza. Para Platão, a beleza é a única idéia que resplandece no mundo. Regras foram estipuladas para se chegar ao belo ideal; os filósofos, por exemplo, deixavam o conceito de belo nas condições do que via o observador, permitindo à beleza uma definição subjetiva, considerando-a uma qualidade mutável ao longo dos tempos.

Sendo uma qualidade mutável, tem sido associada a períodos de tempo, momentos históricos, formas de expressar cultura, valores e manifestações sociais de uma época. Os padrões de beleza dos anos 1930 e 1940, por exemplo, tinham como modelo as atrizes do cinema americano, que se enquadravam dentro de um conceito de beleza construído e idealizado.

O padrão da mídia

Essas atrizes tinham um padrão estético ditado por Hollywood, com modelos de rostos e corpos construídos, moldadas para atrair e encaixar-se no conceito de belo, com imagens cercadas de magia, de uma aura simpática, que gerava a busca pela imitação e reprodução das suas características de perfeição. Isso influenciou mulheres do mundo inteiro em seus hábitos, padrões e modelos de comportamento.

As atrizes representavam esse papel, utilizando figurinos luxuosos para exibir a riqueza dos produtores e das produções de Hollywood. Com contornos redondos e generosos, energia, força e saúde, elas apresentavam-se vestindo cores vivas e brilhantes, que acentuam curvas pronunciadas e valorizavam a mulher que se encaixava no visual do momento. Essas características passavam a imagem de jovialidade, trazendo como atributos do corpo:

- O busto deveria ser grande e firme. Hollywood sempre valorizou os seios fartos, atraentes e jovens, até a década de 1960.
- A cintura que deveria ser fina para evidenciar os quadris.
- As pernas bem torneadas eram alvo de atração masculina; os saltos altos eram utilizados como uma maneira de tornar o andar feminino mais sensual.
- O cabelo, como um registro vivo de um período, possui relação direta com a identidade. Sedosos e longos, eram formas de simbolizar aspectos diferentes da pessoa de acordo com a cor e tons de sua pele.

Produtos, pós e cremes eram utilizados em abundância pelas atrizes, que vendiam a aparência mais desejável, a juventude fértil, a pele clara e corada, um traço ideal de beleza. Assim, vem sendo gerado há décadas o impulso crescente para a compra de produtos associados à beleza, que vão sendo desenvolvidos por centenas de empresas, em vários segmentos, como resposta à expectativa de se adquirir boa aparência.

No Brasil, apesar de as atrizes de Hollywood serem admiradas desde a primeira metade do século XX, os diálogos sobre o corpo nessa época limitavam-se às consultas médicas e a problemas de saúde, e eram apoiados nas regras da moral católica, amplamente presentes nos manuais e revistas femininas. Segundo essas normas, a mulher que usasse demasiadamente produtos de pintura em seu rosto era considerada de moral duvidosa. Assim, a mulher brasileira, conforme padrões da época, devia limitar-se ao uso de luvas, chapéus e jóias, pois, apesar dos apelos da propaganda e da quantidade de remédios, como eram considerados os cremes e produtos de beleza naquela época, prevalecia a convicção social de que a

verdadeira beleza é um dom de Deus. As experiências de embeleza-
mento eram somente compartilhadas entre amigas de forma mais
reservada, normalmente em encontros exclusivamente femininos,
e as receitas utilizadas passavam de geração para geração.

A valorização do corpo

A partir dos anos 1960, esse cenário começa a se transformar, e o
corpo, que outrora era valorizado em função da moral do trabalho,
precisa incorporar as características da tecnologia para subsistir. Sua
valorização dá-se muito mais na esfera da exposição, enquanto a beleza torna-se vitrine.

Grandes atrizes, misses, vedetes e um número crescente de mulheres bonitas começam a se expor mais, e passam a dar conselhos
de beleza a outras mulheres, usando uma linguagem informal e di-
dática de como se tornar mais bela, dia após dia. Aparecem revistas e
fotografias de divulgação, e surge na televisão a garota propaganda:
mulheres bonitas que afirmam que não vale mais a pena sofrer por
falta de beleza.

Utilizando-se dos meios de comunicação que cresciam, essas mulheres passam a falar dos produtos que aplicam especialmente em
seu rosto, iniciando o processo de popularização de cremes, esmaltes
e demais produtos, que deixam de ser chamados de remédios para se
tornarem produtos de beleza disponíveis em farmácias de manipulação, e, em alguns casos, com sua própria vizinha, que passa a vender
produtos de beleza, iniciando o processo de popularização da venda
porta a porta, como era conhecida naquela época.

Com forte publicidade e mensagens do tipo *os segredos para ser
bonita não existem mais,* a beleza começa a se tornar um direito
de todas as mulheres, algo que passa a depender somente delas,
trazendo, com isso, um novo paradigma que, cotidianamente, até
hoje, é cada vez mais reforçado: *hoje só é feio quem quer.* Por conseguinte, descuidar da aparência começa a ganhar o significado de
ser negligente consigo mesmo, associado a problemas individuais ou
de sociabilização. Assim, vai se firmando a imagem de que mesmo

as mulheres com mais idade têm a possibilidade e devem cuidar da aparência, reforçando que envelhecer é mais um estado de espírito, que pode, portanto, ser alterado, bastando querer para se sentir mais bela e feliz.

A indústria da beleza aquece-se

Com a formação dessa nova imagem sobre aparência e beleza, os anos 1960 e 1970 passam a representar uma época de transformação acelerada para as indústrias produtoras de cosméticos no Brasil. Com novos métodos produtivos, ampliação crescente do mercado, ofertas dos mais diferentes produtos para o corpo, higiene e beleza é incorporado ao cotidiano das mulheres a necessidade de ser e estar mais bonita, ter uma aparência melhor e transmitir mais beleza, não importando a classe social. Ricas e pobres começam a ter à sua disposição várias opções de produtos e serviços, que vão integrando-se ao dia-a-dia das pessoas e tornando-se um hábito normal, como tomar banho ou se alimentar.

Produtos de aplicação simples são desenvolvidos, podendo ser utilizados de dia, no trabalho, em vários lugares, reforçando a mensagem de que não há um momento especial para se estar bela. As fórmulas, que eram segredo de família, divididas pelas moças e senhoras em suas casas e em seus quartos, ganham as ruas, o coletivo, compartilhadas entre mulheres, em um processo de experimentação coletiva.

A ditadura da beleza

Inicia-se a década de 1980. As revistas e os meios de comunicação reforçam a assiduidade com que os produtos devem ser usados: xampus diariamente, desodorantes tantas vezes ao dia, cremes para a manhã, tarde e noite, o que gera uma verdadeira mania de uso e consumo de cosméticos em um mercado que cresce mundialmente, apesar das crises internacionais que ocorrem nesse período.

A propaganda deixa de existir de forma isolada para fazer parte de um composto de mídia que fortalece as mensagens em todos os meios: *esteja bonita 24 horas do dia; esteja cheirosa enquanto dorme; encante seu marido ou seu namorado mantendo-se atraente para ele.* Os cosméticos e a beleza começam a ser utilizados de forma coletiva, e também como forma de manter acesa a "chama do amor" com seu companheiro, reforçando a idéia de beleza, felicidade e realização diária.

Assim, na década de 1980 consolida-se a mensagem do prazer de ser bonita ao alcance de todas. Começa a deixar de existir a conhecida *cabeleireira do bairro* para iniciar o surgimento dos salões de estética e beleza que, com o desenvolvimento tecnológico da época, incorporam esses avanços em sofisticados aparelhos, estabelecendo a relação definitiva entre tecnologia e aparência. Essa década caracteriza-se por expandir o sentido de beleza para o corpo como um todo. Mulheres começam a mostrar seus corpos em revistas, imagens das curvas femininas passam a ser exploradas de forma insinuante em propagandas de televisão. São mulheres mais jovens e sempre atraentes que reforçam o cuidado com a beleza agora como forma de prazer pelo corpo.

Cremes de depilação, o frescor do banho, as fragrâncias de flores, frutas e o cheiro da natureza começam a povoar as revistas e os horários nobres da televisão. Os maiores anunciantes passam a ser as empresas de produto de higiene e cosméticos, que mostram imagens cada vez mais sensuais de pernas, ombros e cintura feminina, caracterizando o corpo como mercadoria apta para o prazer, explorando a imagem de uma mulher moderna, que se preocupa consigo mesma, que trabalha, assume sua vida, é mais independente sem perder a feminilidade, o romantismo e sem deixar de desempenhar seu papel no lar e na família.

A imagem da nova mulher

A imagem de uma nova mulher vai assim se formando. A liberação sexual da década de 1970, a emancipação e a busca pela realização profissional, somadas à moda, à publicidade e à evolução das indústrias de cosméticos vão formando uma nova simbologia do *cuidar de si, sentir-se feliz e realizada*, aparentando ser mais juvenil e sensual, modelo que, a partir dos anos 1990, consolida-se em todas as classes sociais.

O avanço tecnológico da indústria de cosméticos entra na década de 1990 gerando produtos que deixam de simplesmente embelezar ou encobrir os pontos feios, passando agora a prevenir, corrigir, melhorar, e a ser desenvolvidos para todas as idades, modos de vida e sexo, inserindo o homem nesse contexto da busca do corpo e da aparência melhor.

Substâncias como retinol e ácidos glicólicos fazem sucesso no mundo e modificam o conceito de embelezar. Cremes modeladores do corpo surgem para eliminar celulites e gorduras localizadas, novos aparelhos são desenvolvidos para tratamento da estética do corpo, enquanto os homens começam a incorporar cada vez mais os cosméticos em seu dia-a-dia, inicialmente para a barba e o cabelo, estendendo-se depois para o corpo.

Um novo vocabulário vai se formando, os conselhos de beleza saem do rosto para todo o corpo, a mensagem publicitária muda para *seja feliz, descubra-se*. A premissa do discurso passa a ser felicidade, prazer, sucesso, realização pessoal e profissional. Firma-se a exploração do corpo como mercadoria que, para se realizar, precisa consumir um número crescente de produtos e serviços.

O culto ao corpo

Consolida-se, dessa forma, durante a década de 1990, a busca coletiva pela estética, aparência e culto ao corpo. Entram em cena os novos profissionais de beleza: modelos, esteticistas, nutricionistas e clínicas especializadas. Se até a década de 1960 a beleza estava vinculada à dignidade, "aparentar ser boa pessoa", agora cada vez mais são detalhadas as regras para a beleza do corpo que deve ser mostrado, muitas vezes comprado, e consumido. O corpo vai, assim, se tornado mercadoria valiosa para o consumo, para a procura de emprego, e valiosa para o capital, tornando os cuidados com a beleza tão sedutores quanto a bela aparência das modelos cultuadas no passado.

Os anos em que a beleza transparecia à alma da mulher vão deixando de existir. É como se a beleza não pudesse mais ter alma, pois ela pretende cobrir, de agora em diante, a idade, o real e o sentir, voltando-se especialmente para os prazeres de curto prazo. Desenvolve-se, assim, o culto à aparência e o indivíduo é transformado em produto altamente interessante para o capital. A democratização da beleza é uma conquista do capitalismo, no qual os preços mais baixos dos cosméticos se tornaram possíveis graças aos ganhos de produtividade nas linhas de fabricação.

A importância da beleza, do culto ao corpo e da aparência como parte de um processo decisório e discriminatório, em que as pessoas fazem rápidos julgamentos e discriminam entre o belo e o feio, pode ser analisada em dois aspectos: por meio do capital envolvido na produção dos insumos necessários ao atendimento dos serviços de beleza e como variável econômica com impacto no mercado de trabalho.

Em relação ao primeiro item, o capital, que sempre procura novas formas de auferir maiores lucros e explorar tendências, apóia-se na busca por pessoas de corpo e estética ideais para suprir suas necessidades de boa aparência, fazendo com que serviços e produtos que movem atualmente volumes vultosos de recursos sejam consumidos de forma crescente. Segundo a revista *Veja,* em sua edição de 21 de janeiro de 2006, 98% das mulheres brasileiras preocupam-se com a aparência e compram produtos de beleza; nessa reportagem, 44% das entrevistadas revelaram que gastam mais de 20% de seus salários com produtos de beleza, e confirmam que as mulheres de renda inferior, proporcionalmente, comprometem uma parcela maior de sua renda com cosméticos do que as mulheres de renda mais elevada, demonstrando o potencial consumidor desse mercado.

Assim, mudar a cor dos cabelos, fazer tratamentos estéticos, aumentar o volume dos seios, seja para estar em sintonia com a moda e sentir-se bem, seja para ser mais desejada, são comportamentos ou atitudes que, muitas vezes, podem ser considerados uma forma de fuga da realidade, mais que um problema estético real. Fazer com que o corpo torne-se cada vez mais *trabalhado* para que os objetivos estéticos sejam alcançados vai sendo explorado pelo interesse do capital, que desenvolve novas tecnologias, aparelhos e métodos para *apoiar* essa necessidade.

O corpo torna-se mercadoria

Dessa forma, o corpo vai se tornando excelente instrumento de consumo de mercadorias para o capital, permitindo uma promessa de tornar a presença do indivíduo no mundo mais importante, caso queira e possa pagar a conta. Os dados abaixo reforçam esse momento:

- O Brasil é o segundo país em cirurgias plásticas no mundo, atrás apenas dos EUA. Em 2006, foram realizadas mais de 400 mil procedimentos, sendo mais da metade para fins estéticos.
- Segundo a Sociedade Brasileira de Odontologia, o Brasil é o segundo país do mundo em realizações de procedimentos odontológicos com finalidade estética (aparelhos, clareamento, etc.).
- O Brasil é o quarto maior mercado consumidor de botox, sendo 70% do consumo desse produto utilizado para correção de rugas de expressão, tornando essa proporção inversa à maioria dos países em que o produto é consumido.
- O mercado brasileiro encerrou o ano de 2006 com faturamento líquido de 17,5 bilhões segundo a Associação Brasileira da Indústria de Higiene Pessoal, Perfumaria e Consméticos.

Quanto ao impacto no mercado de trabalho, esse crescimento reflete de forma positiva na indústria e na geração de empregos para o setor. Com a difusão pelos meios de comunicação em âmbito global, os padrões de beleza e estética, que eram sobretudo ocidentais, vão caminhando para ser generalizados ou universais, levando ao rompimento de costumes em sociedades que, a princípio, apresentavam outros tipos de padrões.

Assim, a magreza vai se tornando a nova estética no mundo, enquanto o corpo passa a representar uma entidade hegemônica possibilitada pelo desenvolvimento tecnológico. Contudo, não se anuncia realmente o corpo, mas uma imagem publicitária eficaz dele e da mercadoria em questão que nunca é vendida isoladamente; há sempre todo um complexo de aparências, percepções sexuais e experiências que são acionadas em sua compra.

Suportando as transformações necessárias à venda do corpo e da estética, proliferam-se institutos, academias, SPAs e outras formas de organizações voltadas para esses serviços, gerando um profícuo mercado de negócios e trabalho, conforme é demonstrado abaixo:

- Segundo empresas especializadas em franquias, estima-se em 13 mil o número de institutos de estética existentes hoje no Brasil.
- Para a consultoria *Geografia de Mercado*, existem 8 mil salões de beleza apenas na capital paulista, sendo esse o dobro do número de padarias existentes na cidade.
- O número de academias de ginástica no Brasil é hoje estimado em 7.300, colocando o país em quarto lugar no mercado mundial de ginástica.

Ao mesmo tempo em que o corpo físico responde às mudanças socioculturais, esse corpo fala a respeito de nosso estar no mundo, considerando duas dimensões principais: *a dimensão natural e a simbólica*. Há, então, no corpo, a junção e sobreposição do mundo das representações da natureza e da materialidade, enquanto a cultura dita as normas que o indivíduo tenderá a aceitar até o ponto em que esses padrões de comportamento se apresentem tão naturais quanto o desenvolvimento dos seres vivos, o que significa dizer que a relação do homem com seu corpo é, e continuará sendo, pautada por alterações constantes. Portanto, o corpo expressa metaforicamente os princípios estruturais da vida coletiva, equilibrando forças que agem no contexto social.

O corpo pode simbolizar aquilo que a sociedade deseja que ele seja, e o que ela deseja negar, como foi durante os anos 1960, por meio do movimento *hippie*, que pregava a paz e o amor livre, utilizando o corpo e os cabelos como forma de protesto, e como é agora, traduzindo beleza, prazer, felicidade e realização, pois o corpo é sempre uma representação da sociedade; por isso, não há processo exclusivamente biológico no comportamento humano.

A globalização da estética

Como imagem social, o corpo é a representação exterior do que somos; é o que nos coloca em contato com o mundo externo, com o outro, e por isso ele carrega em si a idéia de relação. Falar em corpo é falar em beleza. É fato que cada grupo cultural define beleza à sua própria maneira; porém, é também verdade que essa autonomia é parcial, dada a pressão social que existe para que seja cumprido um certo padrão estético definido.

No Brasil, a disseminação de uma expectativa de corpo baseada na estética da magreza tem sido bastante difundida, causando vasta repercussão e alguns casos extremos de anorexia. Programas de televisão são realizados diariamente em horário nobre, apresentando pessoas que tomaram esse ou aquele produto e emagreceram, melhorando sua estética e corpo. Aparelhos são demonstrados constantemente e vendidos por telefone. Clínicas de estética aparecem em todas as emissoras de televisão e rádio, demonstrando suas novas tecnologias e como atingir o corpo ideal. Programas populares realizam em público a "transformação da aparência" de uma pessoa como forma de realização de um sonho, reforçando constantemente a busca da estética almejada como um projeto de vida.

As informações sobre saúde e as formas de se chegar à aparência e à beleza circulam pelo mundo atravessando culturas pela força dos meios de comunicação de massa e do capital, levando a uma homogenização da tecnologia do corpo e a uma tendência de mundialização dessa utopia, em que o corpo se encontra no centro e cujos esforços por esse ideal são justificados pela identificação com um novo arquétipo da felicidade humana.

A expectativa de se chegar ao corpo e aparência perfeitas contrastam com a situação econômica vivenciada pela maioria da população brasileira que, convivendo cotidianamente com restrições em sua renda, deixa praticamente de comprar comida para comprar cosméticos e pagar centros estéticos.

Diante desse cenário, mascarando as pessoas numa realidade social e psíquica que distorce todas as relações sociais, o capitalismo manifesta uma de suas múltiplas dimensões: a da alienação. Pessoas nessas condições criam para si um mundo artificial, oposto a muitos de seus valores pessoais, voltado para a aparência, cujo culto é uma atividade alienada, pois as emoções perderam o sentido, ao mesmo tempo em que são aprisionadas pelo mundo da mercadoria e da troca, criando-se uma viagem perigosa cujo destino ignoram ou não percebem onde irão chegar.

O interesse que desperta os temas sobre saúde e beleza está vinculado a dois fatos distintos. O primeiro diz respeito à insegurança ante o cotidiano, uma crise aguda na confiança secular das relações, que pode afetar o equilíbrio no desenvolvimento da sociedade. O segundo refere-se à generalização da ausência de regras e normas, somada à falta de perspectivas melhores para o futuro, contribuindo para a valorização do presente e busca da eternização do corpo jovem para vivenciar melhor o momento atual.

Essas duas ordens de fato favorecem a oferta de mercadorias, prometendo, em curto espaço, um amanhã mais feliz, e fazendo com que o valor de troca supere o valor de uso, dependendo do sonho que se está comprando. Estrutura-se, dessa forma, um mercado de aparências, representado por centenas de produtos e serviços que crescem continuamente.

Nesse contexto, o capital, apoiado por meios de comunicação de massa, age sobre a auto-estima, o que pode ser percebido pelas estratégias de marketing utilizadas constantemente, divulgando os novos padrões de beleza, contribuindo para a propagação da estética que esmera-se em novos desenvolvimentos para que sejam comprados, fechando o ciclo contínuo da busca da beleza e do corpo ideal, pois o corpo é um elemento imprescindível do marketing contemporâneo.

Esse ciclo se protege formando um invólucro de aparência extremamente convidativo para a compra. É esse padrão, junto com a expectativa de corpo que lhe corresponde no interior da esfera do mercado, que vai contaminando todo o planeta e substituindo outros valores, como os éticos e morais. O corpo, como um dos pontos centrais de investimento da economia de mercado, é colocado em um novo patamar de exploração, pois a necessidade de "parecer ser" é capaz de alterar e substituir significados mais profundos da própria vida, mascarando a própria realidade, sua ordem de fato e seu dia-a-dia, agindo, muitas vezes, como um "ópio popular" ante as inseguranças e frustrações da vida cotidiana.

Atualmente, qualquer pessoa pode fazer algo a favor da própria aparência. As facilidades econômicas começam a permitir essa *democratização*. Plástica, lipoaspiração, próteses, remoção de manchas e espinhas, clareamento dos dentes, depilação a laser, aplicação de botox são algumas das técnicas mais utilizadas. A facilidade ao crédito vivenciada atualmente fez com que empresas financeiras estejam se especializando em formas de financiamento para tratamentos estéticos, normalmente para pagamento no prazo de doze meses, o que tem feito com que consumidores ávidos já tenham incorporado à sua renda o hábito de reservar constantemente sua verba pessoal para o item beleza, como se fosse a prestação da casa ou da escola: termina-se um financiamento e logo em seguida é feito outro.

A irresistível sedução da beleza

Descartável ou não, a boa aparência e manter um corpo dentro dos padrões estéticos cobiçados depende muito de dinheiro, tempo e vontade. Se anteriormente o indivíduo se arrependia dos pecados cometidos ou dos prazeres furtivamente experimentados, sem o consentimento social, em nossos dias ele tende a lamentar os possíveis prazeres que deixou de viver. A esse se associam um jeito de ser, valores e expectativas que, uma vez eleitos modelos ideais de beleza, contribuem para redimensionar e submeter todos os outros tipos. Esse corpo e a estética que se cultuou só podem emergir a partir de um certo modo de perceber e de avaliar os demais corpos na sociedade, recodificando-os a partir das leis gerais de mercado e dos modismos e modas que vão sendo definidos. O culto à beleza é uma onda em que você pode entrar sem temer que ela acabe logo.

Sob o ponto de vista do capital, a aparência, as necessidades, as ansiedades, as esperanças e motivações, ou seja, os objetivos humanos, são considerados meios exploráveis para sua valorização, legitimada pelo domínio das sociedades capitalistas. Assim, gastos com a aparência e com a beleza são encarados como investimento do capital em si próprio. As pessoas tornam-se compradoras de embalagens nas quais se *autovendem* e vendem-se para os interessados em comprar.

As maneiras de ambicionar o sucesso, a realização profissional e amorosa são, segundo essa transformação, subprodutos de determinadas estratégias de ambicionar o lucro, em que a tática consiste em oferecer as respectivas mercadorias aos seus destinatários como meio de tornarem a si mesmos vendáveis. Trata-se, essencialmente, de difundir uma determinada disposição humana para a comprabilidade das pessoas.

Da perspectiva das empresas produtoras e dos prestadores de serviço, trata-se, sobretudo, da valorização de seu capital. *Slogans*, valores e propósitos das organizações desses setores trazem consigo forte simbologia que explora os aspectos de felicidade e realização, as indústrias de cosméticos estão ávidas para oferecer o maior número possível de produtos. Segundo especialistas, usam-se para uma maquiagem de rosto de 6 a 8 cosméticos e cada vez mais cresce o número de cosméticos utilizados.

Apoiadas sempre por forte presença de mídia e com argumentos irresistíveis, as pessoas sucumbem à força dessas organizações, que estão em um dos mais rentáveis segmentos de mercado atualmente.

CAPÍTULO 5

QUEM É A VENDEDORA DIRETA

Conhecer o trabalho da mulher que lida com venda direta no Brasil, conhecer seu perfil e como ela se sente com esse tipo de atuação foi o objetivo da pesquisa cujos resultados e análise são apresentados a seguir. O ambiente do estudo foi a região metropolitana de São Paulo, com foco na venda direta de cosméticos, por esse produto e mercado representarem mais de 81% do total dessa atividade no Brasil, inclusive na região em estudo.

O trabalho com venda direta caracteriza-se por ser um trabalho autônomo, sem vínculo empregatício e sem a obrigatoriedade de se exercer essa atividade de forma exclusiva para uma determinada empresa. Os encontros periódicos de vendedoras diretas nas empresas (das quais elas revendem os produtos) são vitais para esse tipo de negócio. A cada encontro, é reforçado o aculturamento das vendedoras em relação a visão, valores, missão da empresa, posicionamento dos produtos, formas de vendas, serviços aos clientes, além de ser trabalhada a motivação para as vendas.

Nessa pesquisa, foram acompanhados, de forma espaçada, vários encontros de vendedoras durante lançamentos de campanhas periódicas desse segmento, promovidas por empresas que utilizam-se da venda direta como canal de vendas e distribuição.

Além disso, com o objetivo de conhecer essa atividade, saber o que pensa e sente a vendedora direta, o significado desse trabalho para ela e o que a levou a exercer essa atividade, foram realizadas entrevistas com 25 vendedoras que se dispuseram a contribuir com essa pesquisa. Decidiu-se pela utilização primeiramente de uma abordagem qualitativa, pois ela oferece maior possibilidade de incorporar a questão do significado e da intencionalidade inerentes aos atos, às relações e às estruturas sociais, sendo estas últimas tomadas tanto no seu advento quanto na transformação, como construções humanas significativas, permitindo essa metodologia ao pesquisador perceber o que pensam e sentem indivíduos que compartilham de uma mesma categoria, no caso, a da venda direta.

A seguir, foi realizada uma pesquisa quantitativa realizada com cem vendedoras diretas, com o objetivo de aprofundar e validar os comentários obtidos e apresentados. Em todos esses encontros e pesquisas, foram colhidos depoimentos, apresentados a seguir, que ilustram e aumentam o conhecimento da representação social do perfil das pessoas em estudo.

Entrevistas com as vendedoras diretas

A realização das entrevistas com as vendedoras diretas permitiu maior conhecimento das empresas de venda direta em que trabalhavam, dos produtos comercializados, das formas de vendas, além do conhecimento das principais categorias de mulheres que atuam nesse trabalho, possibilitando a estratificação e a estruturação dos dados obtidos. Na realização das entrevistas com 25 vendedoras diretas, foram feitas as seguintes questões:

- Onde e como trabalhava antes?
- Qual era a sua remuneração na ocupação anterior e como ficou com a venda direta?
- Por que escolheu ser vendedora direta?
- Essa atividade é sua principal atividade remunerada ou é uma complementação de renda?
- É bom trabalhar com flexibilidade de horário?
- Você se sente explorada por essa não ser uma atividade formal?

- Qual o papel da venda direta em sua vida?
- Por que você se tornou vendedora direta?
- Como era a sua vida antes e como passou a ser depois, já como uma vendedora direta?
- Como você sente sua relação com os produtos e com os clientes?
- Quais são seus objetivos futuros?

Respostas das entrevistas

Onde e como trabalhava antes?

A maioria das entrevistadas citou que o trabalho anterior era formal (60%) e associado a atividades de balconista, funções administrativas em pequenos escritórios, secretárias, trabalhos em confecções, em lojas de shopping e indústrias. Para as outras 40%, as atividades já eram informais, com as mulheres já havendo trabalhado em empresas com carteira assinada por pouco tempo, ou já saído do mercado formal há vários anos. A maior parte das atividades atuais está associada a trabalhos domésticos para terceiros (babás para as mais jovens, e empregadas domésticas para boa parte) ou atividades como cabeleireira e manicure; outras já trabalhavam em venda direta (25%) e 15% ajudavam seus maridos em atividades de comércio sem vínculo formal de trabalho. Foi observada durante os encontros a presença de deficientes físicos (10% aproximadamente) e de alguns homens que vendem os produtos por falta de trabalho formal, normalmente jovens formados e desempregados (5%).

Como era a sua remuneração na ocupação anterior e como ficou com a venda direta?

Para a maioria (65%), a renda aumentou, permitindo, inclusive, a realização de vários "sonhos", como comprar casa própria, carro, poupar e adquirir bens. Aproximadamente 20% das entrevistadas queixaram-se de não ganhar o esperado, e afirmaram que as condições de pagamento poderiam ser melhores, os descontos poderiam ser maiores, e deveria ser dada uma renda fixa para as despesas básicas e custos (ônibus, telefone, etc.), como forma de auxílio.

"O meu ganho cresceu bastante."

"Em dois anos como vendedora direta, dei entrada e comprei meu apartamento e, dois anos depois, comprei meu primeiro carro."

"Consegui pintar minha casa. Meu maior objetivo agora é poder trocar de carro."

"Estou lutando... Agora estou ganhando mais, já consegui uma poupança e preciso pouco do meu marido."

"Consegui minha independência financeira."

"Depois que comecei a trabalhar, pude ajudar meu filho, que estava enfrentando dificuldades para pagar a mensalidade da faculdade dele."

Por que escolheu ser vendedora direta?

Nesse quesito, as respostas foram heterogêneas. O fator necessidade de renda foi citado constantemente, seguido da necessidade de relacionamento e amizade, de busca de aproximação com outras pessoas e aumento da exposição social. A maioria das entrevistadas expressa a qualidade do produto e o encantamento com a empresa com orgulho, caracterizando um sentido de fetiche.

"Resolvi vender para encontrar novos amigos."

"Na época, precisava ver gente nova e trabalhar com alguma coisa de que pudesse me orgulhar e consegui."

"Resolvi ser vendedora porque precisava encontrar uma maneira de aumentar a renda da minha família."

"Recebi um convite para participar de uma reunião da empresa e resolvi ser vendedora para complementar meu orçamento com uma renda extra, e tenho conseguido."

"Já usava os produtos e adorava a qualidade. Sempre acreditei que tinha potencial para ganhar uma renda bem melhor que teria com um salário fixo."

"Ser vendedora só depende do meu trabalho, e eu faço meu próprio horário."

Essa atividade é sua principal atividade remunerada ou é uma complementação de renda?

Para 70% das entrevistadas, a venda direta foi caracterizada como fonte de renda complementar.

É bom trabalhar com flexibilidade de horário?

A flexibilidade de horário foi mencionada por 60% como preferida aos horários formais de trabalho. Em contrapartida, 60% mencionaram a vontade de ter um trabalho formal em uma empresa, e uma vida mais estruturada.

"O que eu mais gosto nessa atividade é a qualidade dos produtos e a vantagem de não existir horário fixo para trabalhar. Assim, posso atender aos meus clientes de acordo com a disponibilidade de tempo deles e minha também."

"Como a maioria das minhas clientes trabalha fora, eu consigo vender muito mais fora do horário comercial, que é quando elas têm tempo para me procurar."

"Às vezes, meu marido reclama que eu trabalho demais porque eu trabalho muito à noite e nos finais de semana."

"Se eu conseguisse trabalhar num horário fixo, seria melhor."

"Se eu tivesse um horário normal de trabalho, minha vida seria mais organizada."

Você se sente explorada por não ser essa uma atividade formal?

Para essa questão, as respostas foram divergentes. A maioria (70%) sente falta de um vínculo empregatício formal, e outra parte delas quer ser funcionária da empresa. As pessoas que declararam não dar importância à ausência de registro formal normalmente já se estruturaram em atividades informais ou desistiram de procurar emprego, não tendo interesse em voltar para o mercado de trabalho formal.

"Na verdade, com a empresa, eu aprendi a vender."

"Essa é uma profissão em que se descobre coisas novas todos os dias, e que permite desenvolvimento profissional."

"Não me sinto explorada. Quando eu comecei, me explicaram tudo direitinho, e sempre a empresa agiu assim com a gente."

"Eu preferia trabalhar com carteira assinada; dá mais tranqüilidade a nós."

"A carteira assinada pode funcionar melhor se eu, amanhã, quiser procurar outro emprego em vendas; dá para eu comprovar minha experiência."

"Eu não me sinto explorada; meu objetivo com a empresa é pagar minha faculdade, e isso eu estou conseguindo. Logo que terminar, vou procurar um emprego e exercer minha carreira, que é a Pedagogia."

"Seria bom se eles dessem uma ajuda de custo."

Qual o papel da venda direta em sua vida?

A importância da venda direta na vida das vendedoras é elevada, e elas manifestam acentuada gratidão pela oportunidade, e notadamente há o sentimento de "pertencer a algo e a uma empresa", mesmo para as que trabalham formalmente. As conquistas obtidas no dia-a-dia, conjugadas à uma alternativa de renda, formação de relacionamentos e aos cursos básicos de estética oferecidos, geram um sentimento de orgulho e reconhecimento. Esse sentimento é notado em todas as respostas obtidas.

"No desempenho da minha atividade, tenho grande satisfação pelo relacionamento com as pessoas."

"Aumentou meu círculo de amizades, e venho conquistando novas amigas a cada dia."

"Ser uma consultora de beleza foi uma ótima maneira que encontrei para aumentar a renda da minha família."

"Hoje, a empresa faz parte da minha vida."

"A empresa me ajudou a concretizar muitos dos meus sonhos, ela é minha parceira do dia-a-dia."

"Posso dizer que entrei na empresa com muitas expectativas, mas com o tempo me apaixonei por ela e percebi que vender os seus produtos é uma grande oportunidade de vencer na vida, e até mesmo de me sentir mais jovem a cada dia que passa."

Por que você se tornou vendedora direta?

Parte das pessoas presentes estava ali pela oportunidade de obter renda rápida, sem maiores preocupações quanto à longevidade de sua atuação como vendedora, encarando a situação como um "bico" momentâneo.

"A minha vida e a vida da minha família mudaram quando iniciei como consultora, há 12 anos."

"Não vejo muita chance de ganhar dinheiro se não for trabalhando muito duro o tempo todo."

"Posso dizer que tenho, graças a Deus e à empresa, uma vida equilibrada e uma família que vive com dignidade."

"Estou no começo; parece que tem de trabalhar mais do que eu pensava, e o risco de ficar com algum produto encalhado é grande."

Como era a sua vida antes e como passou a ser depois, já como vendedora direta?

As entrevistadas, mesmo as que trabalham formalmente, afirmaram ter orgulho dessa atividade. A maioria cita a qualidade dos produtos, os resultados alcançados com o uso, e as amizades formadas, como forma de realização pessoal e conquista de uma renda melhor.

Como você sente sua relação com os produtos e com os clientes?

Verificou-se existir uma forte identidade com os produtos. A maioria das entrevistadas já usava os produtos da empresa anteriormente, como consumidoras, e gostavam deles. O ato de chegar a um domicílio novo, vender no escritório, ou para a vizinhança não constrange a vendedora. Embora praticamente todas as entrevistadas tenham colocado o fator "fazer amizade" como muito importante no exercício da venda direta, aparentemente é a boa "desculpa" para cobrir a necessidade de renda principal ou complementar, que é o objetivo primário.

"A satisfação do cliente é um prêmio. Além disso, eu mesma sou uma usuária assídua dos produtos, e meus clientes podem ver os resultados em mim, o que permite que meus lucros aumentem ainda mais."

"Para você ser uma consultora de sucesso, não precisa de quase nada; é só você ser a sua primeira cliente, sentir os produtos que você vende, e aí tudo fica muito natural, espontâneo, porque aquilo que você sente na pele você encara muito bem e passa para as outras pessoas com muita convicção."

"É fantástico vender produtos com essa qualidade, sentir a satisfação dos clientes e ganhar dinheiro. O meu lucro aumentou. É muito gratificante!"

Quais são seus objetivos futuros?

As repostas sempre estiveram associadas à continuidade do trabalho de venda direta.

"Meu maior objetivo é trabalhar na empresa."

"Meu próximo sonho, se Deus quiser, eu vou realizar em pouco tempo."

"Fazer uma poupança para ajudar meu marido a montar um negócio."

"Meu objetivo é ser classificada entre as melhores vendedoras."

"Para os próximos anos, quero comprar uma casa."

"O próximo sonho que vou realizar é fazer uma reforma na minha casa."

"Eu vou completar 60 anos feliz, e o meu grande objetivo agora é prosseguir na minha carreira."

Pesquisa com as vendedoras diretas

A pesquisa quantitativa foi realizada posteriormente às entrevistas com as vendedoras diretas, com o objetivo de aprofundar no estudo e na investigação do seu perfil. A pesquisa foi complementada com depoimentos verbais, que ilustram e elucidam os resultados obtidos. A amostragem foi de cem mulheres, da região metropolitana de São Paulo.

1) Posição na família

Mulher chefe de família com trabalho formal	22%
Mulher chefe de família com trabalho informal	27%
Mulher não-chefe de família com trabalho formal	20%
Mulher não-chefe de família com trabalho informal	30%

2) Faixa etária

Até 25 anos	13%
De 26 a 30 anos	26%
De 31 a 40 anos	28%
De 41 a 50 anos	21%
De 51 anos em diante	12%

3) Estado civil

Solteira	41%
Casada/vive maritalmente	44%
Separada/divorciada	9%
Viúva	6%

4) Grau de instrução

Analfabeto/Fundamental I incompleto	2%
Fundamental I completo/Fundamental II incompleto	7%
Fundamental II completo/Médio incompleto	25%
Médio completo/Superior incompleto	44%
Superior completo	22%

5) Renda familiar mensal

De R$ 260,00 a R$ 520,00	5%
De R$ 521,00 a R$ 1.300,00	24%
De R$ 1.301,00 a R$ 2.600,00	26%
Mais de R$ 2.600,00	38%
Não divulgada	7%

6) Tempo de trabalho com venda direta

Menos de 1 ano	7%
De 1 a 3 anos	35%
De 4 a 5 anos	13%
Mais de 5 anos	45%

Por essa tabela, vê-se que 58% das respondentes à pesquisa iniciaram a venda direta há mais de 4 anos, muitas envolvendo a família nesta atividade.

"Meu marido me ajuda, ele leva o catálogo para a empresa."

"Minha filha já é vendedora."

O tempo de dedicação como autônoma a essa atividade demonstra que a venda direta é encarada como uma atividade constante, muitas vezes como opção à exclusão do trabalho formal, ou como forma complementar de renda.

"Se tivesse um trabalho formal, estaria ganhando mais."

"Eu me sinto bem nesse trabalho, mas, se fosse para escolher entre trabalhar fixo e com venda direta, prefereria trabalhar fixo para ter um salário, ter mais dignidade."

"Você não tem mais oportunidade de trabalhar pela experiência; eles querem meninas de 20 anos."

Laços fortes dependem de associações de longo prazo e da disponibilidade de estabelecer compromisso com os outros; o esquema de curto prazo das instituições modernas limita o amadurecimento da confiança informal, uma violação flagrante do compromisso mútuo. De fato, o esforço da empresa em formar laços fortes para reter suas vendedoras é notado em todas as atividades exercidas.

O fato de essas mulheres terem começado a comprar os produtos como consumidoras para posteriormente tornarem-se vendedoras e a possibilidade de compra com desconto (30%) são outros fatores que contribuem para essa longevidade.

"Já usava antes e passei a vender."

"Eu trouxe os cosméticos para vender como uma forma de ajudar nas minhas despesas, para me ajudar, porque antes eu só usava; sempre usei e ainda uso."

7) Importância da renda da venda direta

Não faz falta no orçamento da casa	14%
Serve apenas para as despesas supérfluas	12%
Ajuda a complementar o orçamento da casa	64%
É essencial para o sustento da família	8%
É a única fonte de renda da família	2%

A venda direta é encarada como complementação de renda, conforme a tabela acima, para auxiliar nas despesas da casa e nas despesas pessoais da vendedora (76%).

> *"Agora estou ganhando mais, apesar de não ser muito; o ganho com a venda sempre paga alguma conta."*

> *"A renda é pouca, eu gasto comigo, meu lucro é para mim."*

> *"Eu trouxe os cosméticos para vender como uma forma de ajudar nas minhas despesas."*

> *"Esse tipo de trabalho me ajuda financeiramente e nas despesas."*

Os depoimentos acima, que se mostraram como expressões-chave na pesquisa, reforçam essas constatações. A porcentagem de 8% atribuída ao item *É essencial para o sustento da família* demonstra a importância dessa renda:

> *"O dinheiro da venda direta é essencial para o sustento da minha família."*

> *"Trabalho com venda direta porque preciso."*

> *"Graças a Deus, pago minhas contas com a venda direta."*

A venda direta, portanto, surge, para essa classe, nitidamente como forma de sobrevivência financeira, pois, numa economia em estagnação, sem retomar uma trajetória de desenvolvimento, não existem verdadeiros empregos que facilitariam a materialização adequada da maior participação da mulher no mercado de trabalho; nessas circunstâncias, as mulheres têm uma enorme dificuldade para lograr uma participação na atividade econômica que seja de qualidade.

Deve-se ressaltar que os 14% obtidos com o item *Não faz falta no orçamento da casa* expressam a parcela de mulheres que vendem pelo prazer, amizade, hobby, felicidade e realização empreendedora, pois não precisam dessa renda para viver.

8) Renda obtida com a venda direta

Até R$ 130,00	12%
De R$ 131,00 a R$ 260,00	21%
De R$ 261,00 a R$ 520,00	23%
De R$ 521,00 a R$ 1.300,00	18%
De R$ 1.301,00 a R$ 2.600,00	5%
Mais de R$ 2.600,00	1%
Não divulgado	20%

A análise da média entre a renda familiar e a obtida com a venda direta permite concluir que esta representa, aproximadamente, 20% a 30% da renda familiar, reforçando os aspectos de ajuda e complementação no orçamento familiar.

"Com o dinheiro que eu ganho, eu pago o aluguel; em casa nós dividimos tudo."

"Eu trouxe os cosméticos para vender como uma forma de ajudar nas minhas despesas."

No entanto, a atividade é encarada também como um negócio gerador de renda para todas as classes entrevistadas. Seu sentimento de estar investida de uma missão é também uma lógica de adaptação pelo menor custo, mas que pode tornar-se cálculo e renda para alguns: o interesse bem-sucedido.

"A venda de cosméticos é um negócio."

"É um trabalho; saio de casa, participo de reuniões."

"Minha posição é o dinheiro."

"Graças a Deus, não está faltando nada."

9) Importância da flexibilidade de horário

De vital importância	80%
Muito Importante	12%
Importante	6%
Pouco importante	2%
Muito pouco importante	0%

Para a maioria, mesmo para as que trabalham formalmente, a flexibilidade de horário dada pela venda direta é um fator de diferenciação desta atividade:

"Não aguentaria ficar o dia inteiro no trabalho."

"Esse tipo de trabalho eu posso conciliar com os afazeres de casa."

"Eu trabalho por que preciso, mas não gostaria de montar um esquema de coisas a fazer com horário fixo."

A vontade das empresas de aumentar a flexibilidade do trabalho, dos horários e de rever práticas têm sido incentivos modernos à adoção de formas de subcontratação, tanto no setor público como no privado. A flexibilidade, embora pareça prometer maior liberdade ao trabalhador atrelado à rotina, está, ao contrário, entretecida numa nova trama de controle.

10) Sentimento de valorização pela empresa

Muitíssimo valorizada	70%
Muito valorizada	16%
Valorizada	9%
Pouco valorizada	2%
Muito pouco valorizada	3%

Quando questionadas quanto ao relacionamento com a empresa, ao sentirem-se valorizadas como vendedoras diretas, e com o envolvimento com o produto, a tabela demonstra que, mesmo para as que trabalham formalmente, existe forte relação afetiva entre vendedora, seu trabalho, o produto e a empresa que representam:

"Paixão, amor; eu adoro, eles respeitam as vendedoras."

"É um prazer, eu já usava e achava bom."

"Com essa empresa dá gosto de você trabalhar."

"Você se sente fazendo parte da empresa; ela tem idéias interessantes."

"A empresa procura incentivar a gente, dão cursos e nos ensinam a vender."

"Você não perde com a empresa, eu gosto de uma firma assim, mas às vezes o lucro não é satisfatório; só o que gasto com condução, gasolina e telefone, porque tem que entregar os produtos, acaba sobrando pouco ou quase nada."

Enquanto a empresa do passado queria ser obedecida, a empresa moderna quer ser amada. A relação da empresa com suas vendedoras é pautada por admiração, caracterizando o que alguns autores chamam de "empresa mãe", aquela que dá oportunidade àqueles que já a perderam no mercado formal de trabalho.

A qualidade dos produtos é reconhecida desde o início como um dos aspectos primordiais do êxito da organização e de seu processo de comercialização:

"Gosto do produto, gosto do dinheiro e me sinto bem."

"Os produtos têm qualidade; quando você vende um produto de qualidade você lucra, dá para vender mais."

"Os produtos já são fantásticos; se falar muito dá para vender mais, se você não falar nada, as pessoas pegam e pedem."

11) Importância dada em ser considerada vendedora direta

De vital importância	78%
Muito Importante	12%
Importante	6%
Pouco importante	1%
Muito pouco importante	3%

A importância de ser considerada uma profissional e de aumentar o relacionamento são fatores descritos como chave para o sucesso e satisfação nessa atividade, mesmo para as que trabalham formalmente.

Esses fatores que aparecem neste estudo trazem consigo a formação de novas amizades e reconhecimento social, como forma de motivação e realização:

"Para conquistar um novo cliente eu vou pegando amizade."

"Apesar de ser cliente, a gente fica amiga."

"Essa relação de vender cosmético é muito boa; eu sou mulher e acho muito bom vender beleza."

Esses aspectos trazem consigo a formação de novas amizades, lazer e distração como fatores de motivação no exercício da atividade. Uma empresa que vende conceitos nunca pode se limitar a vender simplesmente produtos ou serviços; ela precisa vender prazer e uma experiência que seja percebida como de valor para o cliente, e isso fica demonstrado nos depoimentos das vendedoras.

12) Importância de conhecer pessoas novas com a venda direta

De vital importância	75%
Muito Importante	15%
Importante	10%
Pouco importante	0%
Muito pouco importante	0%

A importância de se relacionar e de aproveitar os contatos para conquistar novos clientes, conhecer novas pessoas, formando uma grande rede de relações são fatores descritos como a chave para o sucesso e satisfação na venda direta.

Esses fatores permitem a formação de novas amizades e reconhecimento como forma de motivação para o exercício dessa atividade:

"Os produtos estão muito ligados à gente, eu fico satisfeita porque vejo meu trabalho reconhecido, faço amizades e ganho dinheiro com isso."

"Eu gosto de vender, você tem contato com as pessoas."

"Outra vantagem é conhecer pessoas diferentes, participar das reuniões e eventos."

A indústria de cosméticos pode ser considerada o melhor exemplo de estratégia de negócios baseada no relacionamento e na satisfação dos desejos mais fundamentais dos clientes: serem desejados. As pessoas sentem falta de relações humanas constantes e objetivos duráveis. O tipo de atividade proporcionado pela venda direta é eminentemente relacional. O sentimento de ter uma consultora de beleza à sua disposição aumenta e aprofunda as possibilidades desse relacionamento, cultuado como diferencial pelas empresas de venda direta. Os mecanismos de sugestão, afirmação e repetição utilizados pelas empresas fazem um bom trabalho de convencimento, com fórmulas facilmente assimiladas e reproduzidas, que vão sendo difundidas sem que as pessoas se dêem conta disso.

13) Questionário

	SIM	NÃO
A venda direta é a profissão de sua vida?	68%	32%
A venda direta é um trabalho temporário?	19%	81%
Você está procurando emprego com carteira assinada?	20%	80%
Você consegue emprego com carteira assinada?	26%	74%
Já trabalhou com carteira assinada, mas agora não quer mais.	46%	54%
Considera que os produtos que vende são os melhores do mercado?	89%	11%
Acredita que esses produtos dão resultados?	100%	0%
Sente-se valorizada por seus clientes?	99%	1%
Suas clientes tornam-se amigas com o passar do tempo?	90%	10%
Daqui a cinco ou dez anos gostaria de estar trabalhando com venda direta?	88%	12%

A venda direta não é encarada como um compromisso irrelevante, mas sim como atividade complementar.

"Não é assim um trabalho de oito horas, todos os dias; não é uma obrigação; lógico que a gente tem um compromisso, mas é uma coisa agradável."

"Ela não é a principal atividade, mas é complementar: eu junto o útil ao agradável."

Muitas das entrevistadas, por se sentirem fora do mercado de trabalho, mencionaram a venda como "quebra-galho", enquanto 58% responderam "não ser a profissão da minha vida". Essa conclusão é reforçada pelas expressões-chaves obtidas nos depoimentos:

"Comecei a vender quando estava desempregada."

"Quando voltei a São Paulo, estava sem perspectiva de trabalho porque estava com mais de 40 anos."

"Eu estava precisando muito, pegava qualquer coisa".

Muitas mulheres já desistiram de procurar emprego formal ("Depois dos 40 anos, já sou velha; arrumar emprego é uma vitória.") e outras manifestaram seus sentimentos entre frustração e medo:

"Desejei voltar ao mercado de trabalho, mas não foi uma boa; então, desisti de vez. Agora, não vejo mais tanta necessidade; minha posição é o dinheiro."

"Mandei muitos currículos para as firmas, mas existe o lado de quem indicou, o 'Q.I.'."

"Tenho medo de arrumar emprego e não dar conta."

"Tem lugares que eles querem meninas jovens; você não tem mais oportunidade de trabalhar pela experiência."

O sentimento que permeou essas respostas é que *"estamos à deriva"*. Os sentimentos antagônicos, ora de mágoa por não conseguir voltar para o mercado formal, ora de indiferença ("Não estou nem aí para a venda direta, é só um 'quebra-galho'"), e por vezes dizendo que empresa de venda direta deve pagar salário fixo, demonstrados pela maioria, atestam o caráter aleatório da participação na vida econômica e social, pela irregularidade, precariedade e incerteza na obtenção de recursos para a sobrevivência, pela insegurança quanto ao futuro imediato.

Porém, algumas reconhecem a fragilidade do vínculo com carteira assinada:

> *"Se fosse há um tempo atrás, voltaria a ser secretária numa boa, porque era o que eu queria mesmo; mas hoje não, eu mudei, estou fora do mercado e não me vejo num ambiente de trabalho presa oito horas; já superei isso: eu acho que o fato de ter carteira assinada não te garante nada."*

Empregadoras no Brasil, na maioria dos casos, com o expediente de redução de custos, as subcontratações e as terceirizações, entre outras formas, têm imposto aos trabalhadores relações de emprego instáveis, redução de salários e benefícios, além de levar ao deslocamento de uma parcela dos trabalhadores para a economia informal, submetendo-os a condições precárias de trabalho e à exclusão do mercado formal. Para boa parte das entrevistadas, esse sentimento é claramente expresso.

Indagadas quanto ao futuro e ao papel da venda direta, as respostas obtidas validaram as expressões-chave nos depoimentos, confirmando a vontade de continuar com a venda direta:

> *"Não quero parar."*

> *"A venda direta é meu futuro."*

> *"Hoje sou uma comerciante."*

> *"Daqui a 15 anos eu vou estar com 72 anos, quero ter mais sossego, mas não quero parar."*

O forte sentimento de continuidade do exercício da atividade de venda direta, sempre associada à empresa em estudo, é expresso em todas as categorias analisadas. Todos os rituais e eventos promovidos pela empresa transmitem aos membros envolvidos o brilho que marca sua grandeza, que sedimenta o orgulho e sublinha o sentimento de filiação simbólica ao perfeito. Associação ao perfeito é a melhor expressão do sentimento geral das mulheres que vendem esses produtos, daí a vontade de continuar.

Isso fica evidenciado quanto ao futuro profissional: para 88%, daqui a 5 ou 10 anos, gostariam de estar ganhando dinheiro com essa forma de trabalho, portanto, não excluindo essa atividade de seu futuro, mas associando-a como fonte de renda, desenvolvimento do sentido empreendedor, motivação e realização pessoal. Isso expressa a identificação com os valores da empresa, implicando a subordinação do trabalho ao capital, e na qual a linguagem desempenha papel fundamental como sistema de representação. Continuar representando o papel de vendedora direta é a vontade da maioria.

CAPÍTULO 6

DEPOIMENTOS DE VENDEDORAS DIRETAS

De mulheres chefes de família com trabalho formal

"Atualmente, é normal a mulher que trabalha; não é mais normal ficar em casa, o companheiro não é mais o provedor da casa, as coisas são divididas, e é importante se apresentar bem no emprego, ter uma boa aparência, usar cremes, se cuidar."

"Hoje em dia é muito importante se cuidar, estar bonita, ter prazer em se sentir bem. O cuidado com a gente deve ser um hábito de todos os dias, buscando o equilíbrio entre corpo e mente."

"A beleza vem de vários fatores: ginástica, alimentação, cuidados com a saúde. É importante estar sempre nova e rejuvenescer; sinto muito pelas pessoas que não pensam assim e não se cuidam."

"Os homens também começaram a se cuidar mais. Isso é importante para todos; as pessoas ficam mais felizes. Hoje, tem tanta coisa que te ajuda a ficar mais bonita, por que não usar?"

"Os cosméticos potencializam a beleza. Você compra um creme, usa um xampu, um batom e eles ajudam a trazer a beleza. É importante trazer os cosméticos para sua vida de forma positiva."

"Comecei usando os produtos porque minhas amigas e minha mãe já usavam; aí percebi que podia comprar com desconto, vender e ter renda. Vendendo, agora estou ganhando mais. Com a venda dos produtos, sempre pago o aluguel, algumas contas, ou uso meu lucro basicamente para mim. Estou conseguindo pintar minha casa com esse dinheiro."

"Eu consigo tirar entre 250 e 500 reais, às vezes até mais, e pegar produtos, sabonete, xampus, creme para o rosto. Tudo tem desconto; se não fosse assim, eu não conseguiria ter isso para mim. Apesar da renda ser pouca, eu gasto comigo mesmo e me ajuda em casa. Outra vantagem é que é difícil perder dinheiro, só se o cliente não pagar; mas, na empresa, é difícil isso acontecer. Se eu tivesse uma loja, eu precisaria ter estoque, e eu não tenho dinheiro para isso. Dessa forma, você só vende o que o cliente pede; isso é uma vantagem, e não compromete sua renda."

"Ser vendedora direta é um prazer para mim, parece um hobby, é uma delícia, é muito bom e me ajuda na parte financeira sempre. É muito gostoso trabalhar. Eles respeitam as consultoras. Eu me dou bem em trabalhar com pessoas e o lado emocional delas, além de conseguir comprar coisas para a minha casa."

"Além de ganhar um salário na empresa, aumento minha renda sem sair do lugar; e há a oportunidade de se conhecer muita gente nova e ganhar com isso. Para vender dentro da empresa, é um pouco difícil, não pode; ainda bem que eles fazem 'vistas grossas', por isso é preciso ser organizada. Elas me procuram para ver o catálogo; se já viram ficam perguntando 'já chegou o novo?', 'Quando chega?'; fica aquele agito; aí vem o pessoal e faz o pedido. Para entregar, eu levo à empresa ou vou durante o fim de semana à casa ou apartamento delas; quando eu deixo na portaria, o porteiro liga e é normal falar 'sobe' e aí aproveito para mostrar outras coisas, se elas estão querendo outros produtos, e assim a gente vai vendendo."

"Sempre tem um pessoal que compra. É preciso estar sempre em contato com elas, sentir a pessoa, saber do que ela gosta, pegar amizade, ir se relacionando, dando um 'presentinho', um 'descontinho'; a gente fica muito amiga. Os principais clientes são sempre os mesmos, e eles nos indicam para as outras pessoas. Para vender, o boca-a-boca é muito importante; vou em lojinha, mercado. É muito por indicação."

"Os produtos já são fantásticos. Se falar muito dá para vender mais, se você não falar nada as pessoas pegam e pedem. Acredito no produto. Aplicar na sua vida é um negócio super importante, legal e emocionante. O prazer de receber a caixa, de organizar as sacolas, de ter o retorno das pessoas falando que adoraram, de vir e comprar de novo, de você poder contribuir para o astral das pessoas, é muito importante. Graças a Deus tenho o privilégio de levar às pessoas produtos de qualidade e lucrar com isso."

"Não me sinto explorada por não ter carteira assinada nem benefícios. Eu já tenho em meu emprego e esse negócio funciona assim: você já sabe antes de começar. O que a venda proporciona não é só a parte de cosméticos, mas você se cuidar, estar bem consigo, com as pessoas e com o mundo; eu acho que tem que acreditar nos produtos da empresa."

"Apesar de trabalhar em outra empresa, eu me sinto fazendo parte da empresa (de venda direta). Quando eu ligo para alguém, para falar sobre o produto, e tenho que falar 'Maria da empresa de venda direta'; eu me sinto bem. O negócio é tão mágico para mim que é realmente o máximo. A vantagem é o conceito da empresa (de venda direta); por isso ela vende mais. Além disso, eles dão cursos, seminários para que a gente possa vender melhor e orientar nossos clientes. Sempre fico feliz quando falo que sou vendedora, apesar do meu emprego formal."

"Eu conheço a empresa; somos convidadas, eles nos levam para conhecer a fábrica. Não conheço as pessoas que trabalham lá dentro, mas tenho orgulho de trabalhar com eles."

"No futuro, daqui a 10, 15 anos, quero ser bem-sucedida, quero ter minha casa, não estar pagando aluguel, que é meu grande sonho."

"Daqui a 15 anos, eu vou ter uma filha criada, vou ter que ter recursos que já guardo há um bom tempo para pagar sua faculdade. O que ganho vendendo os produtos me ajuda nisso, mas eu não quero parar de vender os produtos; eu gostaria de continuar vendendo."

"Quero montar um negócio. Vou ver se a empresa me manda embora. Quero montar uma loja de roupas para mim e voltar para minha terra. Eu sei que vou continuar vendendo os produtos da empresa; a gente tem que fazer um diferencial a mais, ser criativa, estar bem sucedida. No futuro quero estar realizada."

De mulheres não chefes de família com trabalho formal

"Acho extremamente importante você se tratar para o futuro, prevenir o envelhecimento precoce; faço com muito prazer, até deixo de comprar outra coisas para comprar meus cosméticos. Pode não ser uma coisa fundamental, mas a aparência é o nosso cartão de visita. Você não precisa ser bonita, mas precisa estar bem apresentável, com uma aparência saudável; a sociedade hoje pede isso, o mundo pede isso; antigamente não, as pessoas eram comuns, e hoje é aquela super produção. Eu admiro a pessoa que se cuida; atualmente homens e mulheres estão se cuidando mais."

"Eu me cuido usando produtos de beleza; faço atividade física, pois atualmente a mulher só não se cuida se não quiser. Os cosméticos estão baratos e hoje tem tudo. Antigamente, não se usava tantos cosméticos e a pele da pessoa era linda, maravilhosa, porque tinha uma alimentação saudável, o sol não era o mesmo de hoje, não tinha estresse, não trabalhava fora, não dividia despesas com o marido; por isso as pessoas estão envelhecendo, mas elas não querem, ou querem envelhecer bonitas. Esse é o conceito de beleza hoje: você estar mais jovem, estar com uma certo idade, mas estar bem. As mulheres estão se valorizando mais, porque, como elas sairam para o mercado de trabalho, elas têm seu próprio dinheiro, conseguem comprar suas roupas, suas coisas."

"É difícil conseguir cliente; até fazer a minha clientela foi complicado. Vendia na empresa que eu trabalhava. Comecei a vender e fui arrumando outras clientes."

"Trabalhei antes em loja, como recepcionista, desenhista, projetista, e fui obrigada a parar de trabalhar depois que tive meus filhos. Voltei a trabalhar porque não dá para ficar parada, não dá para ficar dentro de casa; se ficar dentro de casa, fico perdida, e, hoje, além de trabalhar em uma empresa, vendo cosméticos também."

"Trabalhar é gratificante demais, qualquer trabalho... Eu gosto de sair da minha casa, trabalhar, voltar e cuidar das minhas outras coisas... Todos os dias com coisas novas, pessoas diferentes. Trabalhei muito na área administrativa, mas não gostava nada... Nesse meu trabalho atual, você conversa com as pessoa e acaba se envolvendo com a vida particular das pessoas e querendo ou não você acaba se soltando e falando dos seus filhos, marido; então, acaba conhecendo um pouco o dia-a-dia das pessoas."

"Eu me valorizo muito trabalhando; não que a dona-de-casa não seja valorizada, não é isso. É que o serviço de casa não aparece, você vive naquele quadrado e, para você crescer na vida, ter alguma coisa, você precisa sair desse quadrado, procurar outras coisas, almejar, e para isso você tem de sair de casa, porque no serviço de casa você não vai conseguir isso. Antigamente, a mulher valorizada era aquela dentro de casa, e hoje, para ser valorizada tem de sair de casa; essa mulher de casa, com filhos, já está ultrapassada."

"As mulheres, hoje, e eu não gostaria que fosse assim, mas infelizmente é, essa é a realidade, trabalham, primeiro, pelas despesas financeiras e, segundo, por uma satisfação pessoal, porque nenhuma mulher hoje admite mais estar dentro de casa, lavando, passando; ela pode até fazer isso, mas ela tem de ter outra atividade, nem que seja vender cosméticos, por exemplo."

"Trabalhar é uma correria, mas em casa divido tudo com meu marido; ele fica com a parte da manhã e eu fico com a parte da tarde, ou vice-versa. Não é assim tão puxado, não é assim serviço de homem e de mulher. Você tem de saber fazer de tudo praticamente, é uma correria, mas é uma coisa que é válida; eu me sinto bem nessa correria... é uma agitação total, mas meu marido me ajuda muito; então, tenho com quem contar, em quem me apoiar."

"É fácil vender, uma vez que uso os produtos. Minha amiga dizia que não era obrigada a me ver com uma cara feia e comecei a usar, e vi que era um bom produto... e foi daí que eu parti para vender esse tipo de cosmético. É o tipo de produto que dá para vender para homem também; é uma coisa em que eu posso trabalhar com todos... essa relação de vender cosmético é muito boa. Eu prefiro vender um tratamento, uma coisa que eu percebo que está melhorando a vida das pessoas, do que vender uma bijuteria, por exemplo, que é um simples detalhe no meu corpo e que eu posso encontrar em qualquer lugar, porque eu sou mulher e acho muito bom estar vendendo beleza, um perfume, um creme. Gosto de falar: "Puxa! eu passei um creme e fiquei bem". As mulheres são loucas para ficar lindas e maravilhosas; então elas estão comprando beleza."

"O conceito de vender beleza é você usar hoje para estar bem amanhã, é uma prevenção do envelhecimento precoce, e eu acredito nisso. Para vender outro produto, se eu não acreditasse, eu não saberia; o importante é que, além da renda, você está vendendo beleza."

"Eu trouxe os produtos para a vender como uma forma de ajudar nas minhas despesas, para me ajudar, porque antes eu só usava; sempre usei. Eu uso e faço disso a minha propaganda... esse tipo de trabalho me ajudou a conhecer outras pessoas, fazer novos amigos. Por ser uma pessoa muito travada, eu consegui ficar menos tímida, menos introvertida. Falo isso tranquilamente, mas também, na verdade, é para me ajudar financeiramente e nas despesas de casa. Hoje, minha renda dá uns 300 a 400 reais; tem mês que melhora um pouco, como no Dia das Mães, Natal, mas a base é essa."

"Quando comecei, eu falei: 'Puxa! se eu gosto tanto, se é tão bom para mim, por que eu não posso ganhar dinheiro com isso?'. Conheço muitas pessoas e, além disso, consigo pegar os produtos com desconto! Dessa forma, estou vendendo e ganhando com isso."

"Gosto desse tipo de venda. Não suportaria passar o dia inteiro em uma loja, por exemplo, esperando o cliente chegar até mim. Prefiro ir até o cliente, porque você, indo até o cliente, você acaba abordando de uma forma não tão agressiva; você faz contato com pessoas de diferentes níveis e isso ajuda você a crescer bastante como pessoa."

"A maior vantagem desse trabalho é você não ter nenhum vínculo com a empresa. Para mim, é uma grande vantagem; você pode fazer o seu tempo, pode fazer disso um salário, e você pode sair para vender e dizer: 'Hoje vou vender tanto...', e é só você saber vender, saber abordar as pessoas, saber manter a visita. Acho que é um trabalho que dá uma remuneração boa e sem vínculo com nada. O dinheiro vem com satisfação e não com obrigação; tem essa relação, é uma coisa muito gostosa, é uma coisa muito boa."

"Gosto de conversar com o povo, de ver o pessoal contando, falando que gostou de tal coisa; é uma troca de informação, eu gosto. É gostoso vender aquilo de que se gosta; você vende muito mais, faz a venda acontecer. Com esse trabalho, tenho a oportunidade de vir e ir para qualquer lugar, atender quaisquer clientes, em qualquer lugar, em qualquer hora; e você ainda faz o seu salário e consegue comprar os produtos com desconto."

"É uma coisa paralela, porque eu tenho meu emprego fixo, e é esse que me mantém, mas a relação que eu tenho com a venda é uma coisa que me satisfaz simplesmente, ela até me daria um pouco mais financeiramente se eu tivesse mais tempo disponível."

"É um lazer, exatamente um lazer; levo assim as coisas numa boa, tranqüila. Não é aquela coisa assim de você ter de estar sentada. Se hoje eu não estou bem, não dá para ir, amanhã eu vou e já estarei com outro espírito. Em outro trabalho não dá para fazer isso. O bom é que não é um trabalho de oito horas, todos os dias, não é uma obrigação; lógico que a gente tem um compromisso, para estar vendendo e tudo, mas não é a principal atividade, é complementar, é uma coisa agradável."

"Não digo que é a principal fonte pagadora, é a fonte secundária; não seria diversão o termo correto, mas uma coisa... livre. É uma distração, uma coisa gostosa de estar trabalhando, faz parte da minha vida, uma coisa mais 'relax'. 'Relax' é a palavra que eu estava tentando achar, é uma coisa mais tranqüila; faço o meu horário, só que se eu não vender não ganho."

"Para mim, junta o útil ao agradável, porque também utilizo os produtos; então é uma coisa que, por mais que seja secundária e seja um prazer, eu sei que é um produto que eu consigo vender. Os produtos são caros, mas são de qualidade..."

"Com essa renda consigo pagar alguma coisa, entra dinheiro, é uma grana que entra legal para mim. Hoje, tenho um outro padrão de vida, muito melhor; aumentou a minha renda. Não sobra dinheiro porque eu também aumentei meus gastos, as minhas despesas, mas antes não podia pensar em comprar um sorvete; hoje eu posso. A renda ajuda muito porque está aumentando e eu posso comprar o que preciso sem ter a preocupação se vou ter ou não dinheiro para pagar, porque é aquela coisa: quanto mais você tem mais você gasta."

"Eu sobrevivia com o salário do meu marido. Era só o salário dele, e ele me dava um salário para ficar em casa; e quando fui trabalhar e também vender aumentou meu padrão, mas aumentaram minhas dívidas também. Com esse dinheiro compro meus produtos para utilizar e vivo tranqüilamente, e consigo comprar coisas que preciso; eu compro o que eu quero, eu vivo bem."

"No passado, ganhava muito mais; é que, de um tempo para cá, o mercado está mudando, ficou muito difícil para vender, e muitos clientes deixaram de comprar porque não têm mais dinheiro e tiveram de cortar as despesas. A primeira coisa que a pessoa tira são os cosméticos; mas, ela não deixa de comprar totalmente, ela diminui."

"No trabalho registrado, você tem uma falsa segurança, porque, a qualquer momento, eles podem mandar você embora, mas você tem o salário fixo, tem o fundo de garantia, décimo terceiro e férias... e isso ajuda."

"A venda acontece quando você tem um entrosamento com a pessoa, quando você tem uma relação. Não tenho a disposição de chegar e deixar expostos os produtos... primeiro chego falando, tenho aquela liberdade com a pessoa... falo quando chega a revista e mostro as promoções bacanas; levo amostrinhas de perfume (já levo na bolsa) e levo o mostruário de perfumes e de batom também. O pessoal na empresa sempre pergunta se eu trouxe o mostruário... também dou sempre uma amostra para o cliente. Peço para ele usar e, quando ele tiver um tempo disponível, no final de semana, eu ligo. Também faço exposição... normalmente faço exposição em mim mesma, de um batom... faço o verbal mesmo."

"Vendo pelo catálogo, com estojo de batom, de maquiagem, ou ligo para a pessoa, aviso que vou fazer o pedido, e vejo se ela quer alguma coisa ou se quer ver alguma coisa; aí eu vou e levo, demonstro, explico, por telefone ou pessoalmente."

"Os pedidos começam sempre pelas promoções, às vezes chego na empresa, porque não é uma empresa em que é aquela coisa de você chegar e não poder apresentar as coisas, não poder conversar com o pessoal; aquela coisa de você só ficar trabalhando e acabou, não é assim; então, eu chego, falo que chegou a vitrine, porque todo mundo conhece a empresa e, quando tem promoção, isso chama a atenção. Tenho liberdade de chegar e abrir o produto, mostrar; geralmente, vendo para as pessoas que conheço no trabalho e para os amigos que encontro. Um fala para o outro; dou uma amostrinha com o número do meu telefone e, se a pessoa gosta, peço para ela me ligar, e assim um vai indicando para o outro."

"Vendo para homens também. Eles são ótimos porque não tem problemas em pagar; então, eu consigo tirar uma graninha com isso."

"Eu gosto tanto desse trabalho que, mesmo arrumando outra atividade, venderia no final de semana, a não ser que não desse mesmo; mas iria continuar vendendo nos finais de semana, porque eu gosto de vender; iria dar um jeitinho, o que eu iria fazer com meus clientes? Passar para outro não dá."

"Tenho um sentimento de prazer em vender e usar um produto de qualidade, apesar de ser caro, e que está muito bem situado no mercado. Acho que é pela confiança, o contato que tenho com as pessoas, a troca de experiência, dinheiro nenhum paga isso, e as pessoas se tornam amigas, não de freqüentar minha casa, mas têm a liberdade de me ligar e sempre que posso também dou uma ligadinha."

"Não conheço a empresa, nunca fui lá; tenho contato apenas com a minha promotora de vendas; sei tudo por ela. Participo de cursos de maquiagem. Meu contato com as outras vendedoras é nesses cursos e só, nem sempre dá para ir, por causa do trabalho, mas, às vezes, quando vou aos encontros, troco telefone com elas; mas mesmo assim me sinto bem e fazendo parte da empresa... muito."

"Eu vendo aquilo que eles produzem, aquilo que acredito, e por isso faço parte da empresa, porque trabalho e estou ajudando eles. Pode ser aquela coisa, um grãozinho de areia só, mas estou ajudando. Podem não nos dar muita importância, mas nós é que fazemos a empresa, a gente é que está representando; eles vêem mais as consultoras que vendem mais, mas mesmo assim não mudaria nada, não me sinto explorada por não ser registrada, mas acho os produtos caros e com poucas promoções."

"Hoje estou realizada, estou bem, mas claro que ainda tenho alguns objetivos; não falo de sonhos, porque sonho é sempre sonho e você nunca alcança. Aprendi a lidar com a forma espiritual das coisas, não quero ter estresse, não quero ter grandes preocupações, não quero correr muito atrás de dinheiro; quero ter o suficiente para viver bem... tenho planos, estratégias, planos de ação e estou indo, e tudo que tenho estou conseguindo por meio do esforço; não é nada de mão beijada, eu trabalho e quero continuar trabalhando."

"Daqui a 15 anos, meus filhos já vão estar criados, formados, trabalhando, e sei que depois de não sei quantos anos na empresa, você fica como se fosse um plus, não é mais vendedora normal, teria uma vantagem a mais; então, acho que vou estar enquadrada desse jeito, como se fosse uma 'vendedora plus', tem alguma coisa a mais, então seria, digamos, um pouco mais importante... Será que eu vou estar aposentada já? Não, acho que vou estar trabalhando ainda... Mas se Deus quiser vou ter uma promoção, já vou estar em outro setor, vou estar bem, ganhando muito mais e continuando; não pretendo parar não; então fica mais fácil trabalhar, porque vai ter alguma coisa que me diferencie de uma vendedora que entra agora; você vai subindo, progredindo."

"Acho que a empresa deveria ter algum plano de carreira, começar a cada cinco anos, depois ir mudando. Hoje é vendedora e amanhã não sei, de repente promotora, supervisora, ou mudando os nomes, não sei, mas gostaria de estar crescendo nisso daí. Acho legal; é isso que espero, estar crescendo nisso tudo, estar conhecendo mais pessoas, outras pessoas, e que elas possam estar facilitando também, para poder vender mais. Quanto mais gente você conhece, fica mais fácil vender."

"Acredito que se não me atualizar, eu vou permanecer nessa. Atualizar que eu digo é em cursos, seja qual for. Vou me atualizar assim que sobrar dinheiro; fazer cursos é sempre muito importante. Hoje ainda não dá."

De mulheres chefes de família sem trabalho formal

"Faço hidroginástica no SESC; acho que isso também faz parte da minha felicidade. Faço academia. Não faço tudo do começo ao fim, infelizmente não dá; também não fumo e isso ajuda muito na pele. É importante cuidar da beleza, ter horário para alimentação, dormir bem; para você estar bem, deve estar sempre em paz consigo, ser aquela pessoa bonita por dentro."

"Eu não sou de usar muita maquiagem, mas adoro; achava que para os outros era mais importante, mas aí comecei a ver que, primeiro, tenho que cuidar de mim. Você tem que se valorizar como mulher, como pessoa e como ser humano; isso já dá uma diferença muito grande em você. Gosto de ficar bonita para mim. Sempre gostei de cremes. Comecei a usar cremes quando tinha 17 anos; por isso tenho paixão em vender esses produtos, me satisfaz. Se sair sem um batom, um perfume e um relógio, parece que fico cega."

"Antes tinha mais mitos, onde a gente via aqueles artistas na televisão a gente tinha como um mito e achava que nunca ia chegar lá, mas hoje em dia as pessoas comuns percebem que também podem chegar a uma idade mais avançada com uma pele mais bonita e com um corpo mais bonito. No caso do meu trabalho, eu incentivo as pessoas a ficarem mais bonitas, arrumadinhas; dá uma presença, é um cartão postal, é o cartão de visitas da pessoa e é a impressão que fica primeiro."

"O pessoal está se maquiando mais, tem mais informação sobre cosméticos, gostam mais e querem saber o que pode e o que não pode usar e muitas delas se cuidam por vaidade. Nem todo mundo quer ficar mais bonito, mas a maioria quer para sua auto-estima ficar lá em cima. Se você não tem esses produtos, como é que você vai ficar mais bonita? Imagina naqueles dias que você está muito caída. A gente sabe que tudo isso é adereço à nossa vida, porque nada vai mudar, mas ajuda; de repente você está triste e o seu visual muda, fica mais elegante, e isso te deixa mais feliz."

"Sempre fui de família pobre. A gente comprava o sabonete mais barato, tudo mais barato. A partir do momento em que comecei a ver o universo melhor, que eu poderia ter acesso, e acho que a gente precisa disso, consegui pequenas coisas que fazem me sentir melhor. Vejo as pessoas mais velhas com o rosto todo envelhecido e o mundo de hoje não respeita muito as pessoas mais velhas; parece que elas vão sendo deixadas de lado, parece que os outros tratam com dó; isso poderia mudar."

"Já trabalhei de tudo, de costureira (quebrando um galho), trabalhei até de empregada doméstica; fazia salgadinhos, ficava até meia-noite fazendo, e às 4 horas levantava para fritar e meu marido vender na empresa. Eu vou à luta, fiquei sem grana e conheci uma senhora que vendia cosméticos, e comecei a vender primeiro para ela que ia me dando uma porcentagem. Fiquei vendendo mais de 15 anos para ela e hoje vendo sozinha."

"Acho muito bom trabalhar; o trabalho preenche a cabeça, algumas pessoas trabalham por vaidade, outras para se livrar de outras coisas. No meu caso, trabalho porque preciso, é necessidade mesmo e, para não ficar dentro de casa, já acostumei com esse trabalho, com meu dia-a-dia – é bem flexível, não gostaria de montar um esquema de coisas a fazer com horário fixo, a liberdade é a maior vantagem desse trabalho."

"É fundamental trabalhar em firma, você tem segurança, é importante você ter um registro em carteira. E se, no caso, você ficar doente? Se você não tem um registro na carteira, o que é que você vai fazer? Você vai sobreviver de quê? E doença vem sem você esperar, você não pode prever. Se fosse um tempo atrás, voltaria a ser secretária numa boa, porque era o que queria mesmo, mas hoje não, eu mudei, estou muito fora do mercado e não me vejo num ambiente de trabalho presa oito horas ali dentro; então, a carteira assinada hoje não está sendo tão importante para mim, já passou, já foi."

"Antes, eu queria, desejei muito voltar ao mercado de trabalho, com a minha experiência, mas não foi uma boa; então, desisti de vez. Agora, não vejo mais tanta necessidade, já superei isso."

"Acho que o fato de ter carteira assinada não vai te garantir nada; lógico que você vai ter assistência médica e tudo mais, mas só pelo fato de ter plano de saúde? Talvez isso não seja tão importante. Hoje, você mesmo faz o seu trabalho. Se você quer pagar o seus encargos, você paga; a maioria das pessoas está trabalhando terceirizado."

"A minha posição é o dinheiro, e a venda direta é um negócio. É você trabalhar. Não aconselho uma pessoa jovem a ficar sem emprego, porque não está com a carteira assinada. Você não vai passar fome porque não está com a carteira assinada, você tem que trabalhar. O importante é você estar contribuindo para, mais na frente, você ter sua aposentadoria, independente de você estar vendendo cosméticos ou não."

"Se conseguisse um emprego hoje, ia me ajudar na parte financeira mais ainda, principalmente em casa; ia me sentir mais valorizada em saber que, na minha idade, consegui arrumar um emprego registrada e tudo mais, porque você sabe, depois dos 30 anos, a mulher para arrumar emprego é velha e antes dos 20 é porque não tem experiência; você chegar aos 49 e arrumar um emprego assim, nossa, seria uma vitória. Eu não vejo chance por essa situação."

"Quando voltei a São Paulo, estava sem perspectiva de trabalho porque estava com mais de 40 anos e sentia que as portas estavam se fechando; sentia recusa, que estava sendo descartada. Tem lugares que eles querem meninas jovens de 20 anos. Você não tem mais oportunidade de trabalhar pela experiência. Eu tenho experiência, sou uma pessoa confiável, mas querem pessoas jovens, a coisa mudou."

"Eu já trabalhei e talvez seja até um medo de, de repente, conseguir emprego e não conseguir dar conta daquilo como gostaria de dar, porque, quando pego uma coisa que gosto, não gosto de deixar pela metade; agora, estou defasada."

"Se alguém falar para mim 'Olha, vou pegar você para trabalhar comigo porque gostei do seu jeito' e, se eu não der conta daquilo, acho que ia ser uma decepção para mim."

"Se eu estivesse trabalhando em uma empresa, com certeza eu estaria ganhando um pouco mais, mas, se por um lado estivesse ganhando, por outro lado estaria perdendo, porque hoje eu tenho outras responsabilidades e a flexibilidade me ajuda."

"O trabalho com cosméticos ajuda a conciliar a venda com a minha casa, é um negócio. Só de você sair é muito bom. Você não tem tempo para pensar em outra coisa e nem fofocas, fora que você fica conhecida mais que tudo. O conhecimento, isso transformou muito a minha vida, mudou o fato de me relacionar com mais pessoas e como fui, durante quatro anos, a típica dona de casa, cuidando das minhas crianças e vi que não era aquilo que queria, depois que comecei a vender mudou o meu astral e melhorou financeiramente; hoje, tenho mais uma renda, é bem melhor. Hoje, ajudo a pagar conta de telefone, conta de luz; graças à Deus, não está faltando nada, o que posso estar fazendo eu faço."

"Ajudo e continuo ajudando a mãe do meu marido e sou feliz assim. Melhorou minha auto-estima, tenho mais contato com o público, melhorou meu humor, porque ficar o dia inteiro dentro de casa não dava."

"Comecei a vender na época em que estava desempregada; tive até depressão, problemas de pressão e tudo mais. Fiquei sem perspectiva de trabalho porque também estava com mais de 40 anos; sentia que as portas estavam fechadas, meu marido percebeu que estava muito caída e me deu a idéia de vender. Cheguei a vender roupa também. Como sempre trabalhei e conhecia os produtos da empresa, comecei a comprar e a usar, aí resolvi vender."

"No começo, ganhava uma comissãozinha e não era direto, mas depois comecei a vender diretamente para mim. Hoje, isso faz parte da minha vida. Tirei férias e senti muita falta de tudo, do contato com povo; nem é tanto pelo dinheiro, que muitas vezes não compensa, mas sempre significa uma coisa importante neste lado de ajuda financeira."

"O que importa é que a empresa ajuda a melhorar os sentimentos das pessoas sobre si mesmas. Ela se preocupa com o ser humano como um todo. Claro que é uma empresa que se preocupa com a lucratividade como qualquer outra, mas só o fato de ela ser voltada para o ser humano já é um diferencial."

"Esse tipo de trabalho é diferente de um trabalho em loja, por exemplo, porque em loja você tem que ter uma outra postura, é mais automatizado, sendo que, na casa da pessoa, você senta, mostra as novidades ou leva os produtos que a pessoa pediu, é uma coisa mais ostensiva. Com a falta de segurança, caiu um pouco a confiança na vendedora, mas de uma certa forma ela leva o nome de uma grande empresa; então, isso passa confiança para os clientes, foge do esquema de loja."

"Esse tipo de trabalho me dá mais; posso conciliar com os afazeres de casa. Se trabalhasse em empresa, teria que ficar 10, 12 horas fora de casa; é difícil hoje em dia, não aguentaria ficar o dia inteiro porque sou uma pessoa muito dinâmica."

"O que mais gosto é vender. Fico bastante satisfeita quando vou a uma cliente e ela compra os produtos. Além de estar ganhando com isso, me ajudando na parte financeira, fico feliz, o cliente fica contente e isso se repete. Gosto de ter clientes que fiquem para sempre; então, procuro atender bem. Quando faço uma boa venda lucro melhor.

"É uma coisa muito importante para mim, é o que ganho; a importância que dou é muito grande, porque me ajuda na minha sobrevivência, me ajuda bastante. É como se fosse uma terapia, significa tudo. Fico satisfeita porque vejo o meu trabalho reconhecido e por estar ganhando com isso."

"O dinheiro que recebo já fica para casa; então, já paga coisas do dia-a-dia, e o que recebo em cheque já faço depósito para a próximas faturas. É um negócio; eu lido com negócios e, considerando tudo que faço, não é muito, mas estou ganhando e tenho que dançar conforme a música."

"É um trabalho, porque saio de casa para participar das reuniões. As pessoas pensam que vou passear, mas não, vou trabalhar, porque não estou à toa; em casa também fico fazendo anotações, vendo minhas contas e, para quem está desempregado, é um dinheiro que você tem, e não é uma rotina."

"Se conseguisse um trabalho com carteira assinada eu iria, porque ganharia mais e não quero passar dificuldade. Gosto de ter uma vida melhor, gosto de me oferecer coisas melhores; iria avisar todas as minhas clientes que continuaria vendendo; iria arrumar uns contatos de fim de semana e, nas reuniões que não pudesse ir, colocaria uma pessoa para me representar. Continuaria porque gosto dos produtos e porque me trazem um lucro a mais. Procuro aproveitar as promoções ao máximo, porque é por meio da promoção que obtenho o meu maior lucro. Quando faço compras com promoção, consigo ter um lucro um pouco maior."

"Eu me sinto valorizada pela empresa. Você sabe que tem seu dinheiro e não precisa ficar dependendo dos outros, das pessoas; não preciso pedir para o meu marido. Não ter dinheiro nem para a condução, nossa, é humilhante; esse trabalho valoriza a gente."

"A minha renda não é assim 100%, mas está dando para segurar as pontas, é uma ajuda financeira, paga as contas e me dá a liberdade de usar e poder comprar com desconto para presentear as pessoas."

"Eu visito, tenho uma clientela não muito grande. Gosto de ir até minhas clientes com uma sacolinha com alguns produtos; levo amostrinhas de lançamentos, porque só com o catálogo não dá. Mesmo quando sei que o cliente não vai ficar naquele momento com o produto, às vezes você está plantando para o futuro, tem que ter essa divulgação e sentir a oportunidade."

"Quem vende não pode ter medo de vender, mesmo que você veja que o cliente não se interessou bastante, mas você faz a sua parte; uma hora ele vai se interessar e o meu objetivo é sempre vender. Eu não posso ficar limitada; tenho que divulgar, tenho que falar para o cliente me indicar alguém que ele conhece e falar que estou aberta a novos clientes, senão você não vai ter chance de vender numa segunda vez."

"Quando parei de trabalhar, não parei de vender; aí, comecei a ter a minha clientela formada. Aonde vou levo a minha revistinha na mão; não ponho dentro da sacola, estou sempre com a minha propaganda na mão. Só não saio oferecendo, batendo de porta em porta. Gosto de mostrar o catálogo com os lançamentos e, conforme forem esses lançamentos, faço demonstração e, com isso, consigo mais clientes."

"A gente tem que procurar as oportunidades de usar; faço a propaganda em mim, porque você tem que ter uma boa aparência em primeiro lugar e, segundo, você saber ser sincera, não querer sua cliente só para ela comprar, mas para ser sua amiga, porque ela te indica outra amiga; é assim que funciona. Se não for dessa forma, o seu negócio pára e, quando vejo que o negócio está parando, eu começo a ligar. Você não pode parar, tem que continuar."

"Se você sentar na sua casa e esperar o telefone tocar, você não chega a lugar nenhum. Além disso, você tem que ter o conhecimento do produto que está vendendo; isso é importante, tem que procurar se informar."

"Vendo para pessoas de 20 a 50 anos, homens e mulheres. São funcionários do condomínio, porteiros, faxineiros, baby-sitters, donas de casa que compram para os seus filhos, para os maridos, e vendo para pessoas que trabalham fora também, como o gerente de banco onde tenho conta, e visito a casa das minhas amigas também; tenho a data de aniversário das minhas clientes e dos filhos delas, e aproveito para mandar mensagens. Assim, você vai cativando e vai tornando aquela pessoa fiel; isso é a alma do negócio, ser uma pessoa honesta, e eles vão trazendo outras pessoas. Então, nem preciso fazer propaganda, os outros mesmos vão fazendo."

"Tenho um genro que me ajuda; ele leva e vende na empresa. Tenho uma sobrinha que me apresentou no seu trabalho; e vou até lá para vender, faço amizade. Meu esposo leva o catálogo para a empresa. Montei um grupo de oração e, conversando, fui descobrindo quem fazia o que e fiz propaganda do meu negócio, e uma foi passando para a outra."

"Meu relacionamento com os clientes é bom, são sempre os mesmos, e trazem outros. Eu diria que vendo mais para as mulheres. Eu tenho uma clientela de homens, mas não é muito grande; são mais ou menos 15%. Têm muitos que se tornam amigos e outros que são só clientes, e aqueles que não dão muito chance de você oferecer."

"Venderia outros produtos; lógico, tendo eu vendo, faço propaganda de tudo. Se a coisa for boa, se a proposta for interessante, por que não? Você tem que achar o que é conveniente para você no momento e, no momento, é conveniente que eu venda."

"A empresa dá gosto de você trabalhar; gosto do produto e do dinheiro que ganho, porque a gente vive em torno disso. Não é só do dinheiro, é dos produtos também; eu me sinto bem. Vendo aquilo que gosto."

"Os produtos são excelentes, sinto prazer em representar, de falar sobre eles; parece que você se sente mais poderosa. Gosto de me sentir poderosa, útil. Não vendo uma coisa com que não me sinto bem. Vender cosmético é gostoso; tenho um carinho por eles, tanto que a minha filha já se tornou uma consultora."

"A empresa é bem conhecida no mercado. Seus produtos têm qualidade. Quando você vende produtos com qualidade, você lucra; dá para vender mais que outros produtos. É bom trabalhar assim, você se sente valorizada."

"Depois que comecei a vender me sinto mais valorizada, porque você se arruma mais. O que você sente é muito bom. A empresa faz você crescer. Quando você fala que vende os produtos dela, principalmente quem não conhece acha que a gente é empresária por vender esses produtos; é um nome forte, que valoriza, e ela significa uma coisa importante neste lado da ajuda financeira."

"Eu gosto dela (da empresa), acho que só trabalho com ela porque gosto mesmo; vira e mexe recebo e-mail para vender outras coisas, mas não quis misturar, não posso vestir duas idéias."

"Não conheço ninguém lá dentro, só tenho contato com a promotora e com algumas consultoras. A gente se liga, troca produtos, é uma amizade, tenho pouco contato com as pessoas que você liga para fazer os pedidos, como se fossem as telefonistas."

"Só conheci algumas pessoas quando fui a jantares, porque a gente tem metas de vendas e, quando você atinge, eles convidam para um jantar com o gerente, com o pessoal do setor; você se sente fazendo parte da família da empresa, porque eles te valorizam. Conheço a empresa. Eles mandam ônibus para te buscar. Tem os passeios para conhecer a fábrica, quando tem lançamento; é tudo novidade, já estive lá, já fui várias vezes visitar."

"Eles te recebem e te mostram toda a linha de produtos; te mostram como é o trabalho. Lá tem pessoas deficientes que trabalham, tem as reuniões, uma vez por mês, reunião do setor, que a gente fica por dentro de tudo. Acho que eles têm idéias inteligentes, voltadas para a ecologia; explorando um lado do Brasil que é muito desconhecido, a empresase preocupa com o futuro, o futuro do país, o futuro das minhas filhas."

"É uma empresa que lida com a beleza e, ao mesmo tempo, ajuda a melhorar os sentimentos das pessoas. Ela se preocupa com o ser humano. Claro que também se preocupa com a lucratividade como qualquer outra, mas está muito ligada ao ser humano."

"O cosmético está muito ligado à gente. Ela vende a idéia de que você vai continuar com suas características, a sua pele vai melhorar e vai melhorar a sua auto-estima também. Se vendo 300 reais por mês e a outra consultora vende 3 mil reais, somos tratadas iguais, não tem aquele negócio de tratar bem só aquela que vendeu mais; o reconhecimento é excelente."

"Eu me sinto fazendo parte da empresa, fazendo parte de tudo; lógico, trabalho com ela. Somos uma parte importante de vender; eles tem que dar carinho para gente, a gente espera ser reconhecida. Embora não seja empregada da empresa, porque não sou registrada, vendo o produto deles, trabalho para eles; sei que, se não fosse o nosso trabalho, que é o trabalho de formiguinha, ela não poderia chegar aonde chegou, ter uma fábrica tão grande... é tudo por meio do nosso trabalho, a gente tem um papel importante."

"Não tenho do que reclamar; oportunidades eles dão. Se você estabelecer uma meta e conseguir alcançar, você ganha um produto. Isso é uma forma de reconhecimento, é uma troca; se eles não derem nada. A gente não dá nada. A gente tem que se sentir um pouco querida para dar mais."

"A empresa procura incentivar a gente, dão cursos de maquiagem, de técnica de vendas. Eles fazem treinamentos com a gente, como a gente se sentar, conversar com as pessoas, como demonstrar, é como se fosse uma sala de aula, e quem dá é a promotora que tem vínculo com a empresa. Ela levanta o nosso astral, ela vai mostrar o que a empresa quer com a venda daquele produto e o que ela espera da gente. Ela marca uma tarde, convida as pessoas, monta um salão muito lindo, maravilhoso, e a gente fica de duas a três horas em preparação; nós somos as cobaias."

"Acho que, se não fossem os encontros de vendedoras, não seria tão engajada na proposta de venda. É diferente de você só ver o folheto que você recebe; é interessante. Gostaria de montar uma vitrine com os produtos. Tem gente que diz que adora a empresa, mas que acha muito cara. Tem gente que só comprava produtos importados e que agora não está podendo nem comprar os produtos, por isso deveriam fazer mais promoção para o cliente."

"Eles não deveriam aumentar tanto os produtos, ou deviam dar um prazo maior para o pagamento; ajudaria a vender melhor. Acho que faz parte, uma coisa boa é o contato que a gente faz com as pessoas. Você não perde com a empresa. Gosto de uma firma assim; se o cliente tem um problema ela resolve."

"Hoje, sou uma comerciante, uma vendedora bem-sucedida. Posso dizer que me sinto bem; não posso reclamar, mas quero mais, tenho alguma coisa a desejar, acho que ainda tem alguma coisa, ainda preciso ser mais."

"Daqui a 15 anos quero ter mais sossego, quero passear, mas quero trabalhar, porque, você trabalhando, você está numa atividade; você até está desgastada fisicamente, mas você está com agilidade. Não quero ficar uma pessoa em cima de uma cadeira ou deitada; quero ter agilidade em tudo, mas também quero que a minha situação financeira esteja melhor para eu me manter."

"Se Deus quiser, vou estar trabalhando firme e forte; quero continuar, seja vendendo cosmético ou fazendo outras coisas, tomando conta de uma pessoa idosa, mas continuar tendo essa felicidade que tenho hoje apesar dos trancos e barrancos. Não quero me voltar para o lado material, porque você esquece de viver."

"Quero que meus filhos tenham vencido na vida, seja vendendo cosméticos, ou sendo funcionários empregados, quero que eles vençam, porque pretendo que a empresa seja meu futuro; até o fim da minha vida, que eu continue sendo fiel à ela, porque, para ser fiel, tem que ajudar a pagar as contas, e quero que ela cresça mais ainda e dê mais oportunidade, não só para mim, mas para muitas pessoas que estão precisando. Depende de nós e, se estiver bem de saúde, de cabeça, vou estar trabalhando vendendo os produtos."

De mulheres não chefes de família sem trabalho formal

"O trabalho de vendedora direta é um pronto-socorro. A cliente liga, desesperada a qualquer hora pedindo um produto, e vou correndo levar para ela. Tem o retorno da comissão que ganho, porque não estou fazendo de graça, estou precisando e, hoje, as pessoas precisam trabalhar; então, dá para cobrir as necessidades, graças a Deus, pago as minhas continhas. Minha renda é um suplemento na família. Tem meses que consigo entre 500 e 600 reais, tem meses que consigo muito mais, é uma boa ajuda."

"Eu vou ao dermatologista, vou ao médico, porque acho que você se cuidando tem uma vida mais saudável. Aparentemente, me cuido bastante; como vendo os produtos, aproveito para usar e também procuro ter uma boa alimentação. Se tivesse uma condição financeira melhor, faria mais coisas."

"Atualmente as lojas estão facilitando o pagamento e a gente tem mais condições de comprar cremes, maquiagem, mesmo ganhando pouco. Até não sou muito vaidosa, mas gosto de ficar bonita, bem arrumada, me preocupo com isso. Para eu me gostar tenho que me achar bem, me achar bonita."

"Hoje, tem uma busca constante de felicidade para homens e mulheres porque as pessoas não conseguem ser felizes com o que têm; por isso, o exagero de plásticas. Tem muita vaidade; as pessoas que buscam isso são pessoas que não estão bem com elas mesmas; as pessoas estão vazias, procurando alguma coisa que não têm dentro."

"Nós temos que cuidar do corpo sim, mas sem exagero, não pode perder o controle. Se a pessoa se cuida, ela está mostrando que está bem, que a auto-estima está lá em cima; aparência é muito importante."

"Gosto muito de passar para pessoas que me cuido. Falo da importância que é a pessoa usar um creme, cuidar da beleza; e os cuidados que as pessoas estão tendo aumentaram. Teve um bom aumento em relação ao uso de cremes, e isso também aumentou as minhas vendas; mesmo com a situação difícil do país, as pessoas estão gastando."

"Eu estou ajudando de alguma forma as pessoas a ficarem mais bonitas. Tem gente que adora chamar a atenção e tem gente que se sente bem sendo bonita; me sinto bem, comigo mesma."

"Fiquei grávida e parei de trabalhar, mas já trabalhei de telefonista, de costureira, já fui doméstica, trabalhei na Secretaria da Educação, de Segurança Pública, em uma escolinha como pajem, fiz um bico como demonstradora, porque estava precisando muito, peguei qualquer coisa. Nesses trabalhos não era registrada, tinha uma espécie de contrato; então, como não tinha carteira assinada e pela falta de experiência em carteira, ficou mais difícil conseguir trabalhos fixos, foi aí que fui fazer demonstração dos produtos."

"Teve uma emancipação da mulher em tudo; por exemplo, nós podemos chegar em uma padaria sem problemas e pedir uma cerveja. A mulher pagou um preço alto por isso, mas hoje ela 'rala' e trabalha muito mais que os homens; por outro lado, é muito bom. Não admitiria ser sustentada por ninguém; a mentalidade da mulher mudou muito. Hoje, a mulher não é mais submissa, ela cresceu mentalmente."

"As mulheres trabalham hoje porque a independência é muito boa e pela própria situação; financeiramente mesmo, eu acho que primeiro é isso. Antigamente, as mulheres casavam e os maridos sustentavam; hoje, o marido não dá conta de sustentar a mulher, eu mesma ganho mais que o meu marido, porque existe o lado das que têm marido e das que não têm marido, mas têm filhos e precisam se manter."

"Então, elas foram trabalhar primeiro por isso, necessidade de renda; e depois, os maridos, hoje, não conseguem sustentar as mulheres, e elas descobriram que podem viver como elas gostariam e foram à luta, o que acho que é muito bom, e ainda podem ajudar o marido, mas o principal é a independência financeira."

"Me sinto bem nesse trabalho, mas, se fosse para escolher entre trabalhar fixo e com a empresa, preferiria trabalhar fixo, para ter um salário fixo, ter dignidade; mas não tenho mais essa expectativa. Mandei muitos currículos para as firmas, mas existe muito o lado de 'quem indicou – Q.I'; tem muito isso. Eu não encontro, até procuro, mas não encontro. Já tentei."

"Existe também esse lado do preconceito; se você passa dos 30 anos, você já não é uma pessoa suficiente para trabalhar em loja por exemplo, você não serve nem para faxina, porque os donos de loja querem mocinhas que atraem clientes. Com esse trabalho eu vendo em casa mesmo."

"Dependeria também do trabalho e do horário; é importante ter horário flexível porque meu marido nunca aceitou que eu trabalhasse em período integral. Só se fosse para ganhar mais e não perder nada."

"Gosto desse trabalho porque não é obrigado, assim é bem melhor, até dá prazer de trabalhar sem carteira assinada. A única importância de ter carteira assinada é pela segurança, aposentadoria; é importante para mim e para todo mundo."

"Eu acho que tem gente que chegou ao fundo do poço; tinham uma vida saudável, ficaram desempregadas e viram, na venda de cosméticos, uma saída."

"Ganho bem mais hoje, não ganho muito, porque não vendo muito e gasto mais comigo mesma, para me manter. É com a renda que me cuido; é muito prazeroso. Trabalho com uma coisa que gosto muito. Melhorou a minha auto-estima em função das atividades, porque eu andava muito triste, ficava muito em casa, parada; hoje não, trabalho o dia inteiro, mas só que, em casa, eu faço meus horários."

"Nunca tinha pensado em vender, achava que era difícil, que tinha que ter o dom da venda; daí, com a ajuda da minha amiga, comecei a vender, e até hoje estou vendendo."

"Procurei, procurei serviço e não encontre; não foi bem uma escolha, deu certo. As pessoas começaram a pedir e, porque gosto dessas coisas de beleza e você tem contato com as pessoas, comecei e conheci muita gente. Ter contato com o público é bom, sai da rotina, mas às vezes o lucro não é satisfatório, só o que gasto com condução ou gasolina, porque tem que entregar os produtos, e telefone... e acaba sobrando muito pouco ou quase nada. A flexibilidade de horário até que ajuda, mas se tivesse um horário e um salário fixo sobre a porcentagem do meu seria melhor."

"Esse meu trabalho é minha paixão. Gosto muito e tenho a vantagem de poder usar, porque estou vendendo. Não precisa ter uma vida de rico, mas ter o dinheiro para pagar o aluguel, as coisas e manter uma vida saudável, ter uma vida digna; foi uma saída."

"Eu vejo de uma maneira positiva, porque, já que não posso ter um trabalho que tenha uma renda fixa, para ajudar o meu marido, e ele também não pode 'patrocinar' as coisas que gosto, então vendo os produtos, além de conseguir ficar em casa de manhã duas, três horas e geralmente sair à tarde para fazer entregas ou visitar clientes."

"O meu horário é de acordo com o horário do meu marido, que é um horário bem diferente, complicado. Acho até que por isso ele nunca gostou que eu trabalhasse fora, porque, senão, a gente não ia se encontrar; então, para mim é bom esse negócio do horário. Ele não gosta de, quando está de folga, que eu saia para visitar clientes; quer que eu fique com ele e, quando ele trabalha, aproveito para trabalhar também, fazendo as minhas entregas."

"Meu trabalho significa, depois da minha mãe, dos meus filhos, de ser dona de casa, o principal para mim. Na verdade, esse trabalho me ajuda muito. Toda a despesa de casa é do meu marido e, dependendo do dia em que recebo, tenho sempre um dinheiro na mão; não é muito, mas ajuda."

"Quando vou fazer a visita ao meu cliente, eu já levo o mostruário, mas, se ele me liga, porque tem uns que querem mais é que a gente ligue, especialmente quando tem promoção de algum produto, e eu sei que tal cliente usa, aí eu também ligo para oferecer; mas não só para oferecer, às vezes ligo em data de aniversário também. Então, eles ligam querendo o produto tal e, se eu tenho, eu levo ou, se não tenho, aviso quando vai chegar e, quando chega, levo até a casa da pessoa; mas também vendo em casa, tenho estoque em casa. Na minha cozinha, eu fiz uma estantezinha, bonitinha; então eu deixo os meus produtos lá."

"Mas para vender não é só isso, você tem que ser uma pessoa educada para conversar com os clientes, não descontar nos clientes seus problemas de casa. Estou sempre sorridente, não desconto nada em ninguém e uso o produto para poder mostrar a confiança para quem você está vendendo, porque, assim, a pessoa volta a comprar."

"Vendo para homens e eles são bem mais exigentes, infelizmente; mas é legal cliente homem, não gostam de esperar o produto, querem que a gente tenha o produto nas mãos. E vendo para as pessoas que trabalham fora; dona de casa como eu é pouco, mais para quem trabalha fora, pessoas que eu já conheço e que já são minhas amigas também."

"A pior parte da venda é cobrar, eu não gosto de dever e não gosto de ser cobrada, é muito ruim isso; então, eu levo muito calote, porque eu não gosto de cobrar e porque tem pessoas que têm o lado cara-de-pau, pagam outras coisas e esquecem da gente."

"Quando recebo um calote, perco todo o lucro da minha venda. Vendo também por telefone, oferecendo, no salão perto de casa.

Vou fazer a minha unha, começo a conversar e ofereço os produtos. Levo o catálogo em médico, consultório de dentista... vou fazendo meu comercial. Às vezes, eu levo o produto e mostro, e sempre tem uma indicação; uma indica outra e acabo vendendo sempre, mas ultimamente são sempre os mesmos, não conquistei clientes novos, está meio parado."

"É uma coisa engraçada, fico feliz quando chega a caixa de produtos, me sinto super feliz, quando abro a caixa. Me sinto tão bem, porque vou distribuir, penso: nossa, que legal que consegui vender isso, porque os produtos são caros em relação a outros do mercado e nem sei como consigo vender. O dinheiro é importante, mas sinceramente eu ainda acho que essa parte de arrumar e separar as sacolinhas é mais gostoso, porque o dinheiro vem, mas acabo pegando tudo em produto para mim mesma."

"Gosto da qualidade, odeio trabalhar com qualquer coisa que não preste, de má qualidade e a empresa tem boa qualidade – o que me encanta é isso. As pessoas acreditam no produto que vendo, e isso para mim é importante."

"Antes de vender, já usava os produtos e, antes, eu não tinha conhecimento e achava que os produtos eram caros; então, só usava algumas coisas, quando comecei a vender. Hoje, uso tudo; aí descobri que não era caro, porque é qualidade que você está comprando. Se eu ganhasse um salário de quinhentos reais para pagar setenta em um perfume, ficaria difícil; então vejo que muita gente adora, mas não pode, e outros que têm mais dinheiro optam pelo importado."

"Vendo esse produto porque confio muito na empresa, tem qualidade, ele se paga; acredito nos produtos, não é papo de vendedor, é que realmente são bons e acho que é a qualidade mesmo, é para quem conhece, são os clientes de nível mais alto."

"Falo isso porque conheço a empresa. Fui a um jantar de final de ano e conheci a fábrica – eles fazem convite para quem quiser ir. É de uma limpeza, de uma organização, fantástica; é importante conhecer, até para passar para o cliente o que ele não sabe."

"Ninguém tem contato com os funcionários, eles são uns e nós somos outros; o tratamento é totalmente diferente, mesmo que sejamos da mesma empresa. Talvez a gente dê mais lucro do que eles que estão lá dentro, mas são coisas totalmente diferentes; não existe um vínculo, não sou funcionária direta, mas sou funcionária de uma certa forma, eu visto a camisa, senão não dá certo."

"Para te falar a verdade, eu gostaria de trabalhar direto na empresa, mas não dá. Quando chega final de ano, que você deu muito lucro para a empresa, eles não te dão presente, te dão um cartãozinho. Não faço parte da empresa, quem trabalha lá dentro ganha um presente que você fica de boca aberta. Se você trabalha numa empresa, chega final do ano, você tem o cumprimento dos amigos, amigo secreto, tem um contato diferente, e você, trabalhando assim, com vendas, você só tem que vender, vender e vender. Só conhecemos a promotora de vendas nos encontros, e não sei dizer se isso é bom ou mau, não ter esse contato direto."

"Com as consultoras temos bastante contato, é muito bom; eles dão cursos de maquiagem, de como se maquiar, e isso é bom a gente passar para os nossos clientes. Também participo de reuniões, vejo pessoas diferentes, em lugares bacanas como o Memorial da América Latina – é maravilhoso. Eles dão seminários às vezes, acho que é palestra; vou super feliz, ansiosa para ver, porque eu adoro, gosto muito. Eles fretam ônibus e pegam as pessoas todas juntas em um lugar mais próximo da casa, onde for melhor para todas, são muitos ônibus."

"Hoje trabalho, mas é como se eu só fizesse um bico, uma terapia para mim, porque você está do lado de pessoas; mas também tem coisas chatas como receber os calotes das pessoas. Eu teria capacidade de produzir mais. A minha vontade é fazer uma faculdade para eu poder ser promotora; eu tenho essa vontade, mas como a situação não melhorou, e chega numa época que o filho vai precisar disso e daquilo, eu vou ter que abrir mão de um monte de coisas, para dar para ele. Eu prefiro investir nele."

"Você tem que contar com o que você tem e quero ter minha casa para não pagar mais aluguel; se eu não achar outra coisa, vou continuar vendendo os produtos, porque em primeiro lugar vem a moradia. Não tenho mais muitas expectativas; acho que, se não conseguir outra coisa, vou ter que continuar vendendo."

"Daqui a 15 anos, pretendo ainda estar na empresa, porque lá a gente pode continuar vendendo que não tem problema de idade. Meu filho já vai estar formado, casado e meu marido aposentado, e acho que não vamos estar mais morando em São Paulo. Quero estar super bem, mesmo com uma idade avançada, mas com uma boa cabeça, continuar ativa, vendendo meu produtos."

"Se continuar a minha vida do jeito que é hoje, eu chego lá. Assim, vou me cuidando, dentro das minhas condições financeiras, psicológicas. Isso que falei é tudo verdade, porque eu adoro mesmo."

Sobre a oportunidade de trabalho e realização

"Tive a necessidade de voltar a procurar emprego. Fiquei um bom tempo desempregada... sentia que as portas se fecharam para mim, sentia recusa, que estava sendo descartada."

"É difícil arrumar emprego e agora está pior, cada vez mais difícil... então comecei a vender os produtos, nunca tinha pensado em trabalhar com vendas, porque eu achava que era difícil e que tinha que ter um certo dom para vender. Esse trabalho não foi bem uma escolha, mas uma idéia que deu certo."

"Fiquei com depressão, tédio, sem perspectiva. Como sempre trabalhei e já conhecia os produtos, e como não encontrei mais trabalho, tive a idéia de vender cosmético, porque eu já usava, já conhecia; sempre gostei de me cuidar."

"Acho que tem gente que chegou no fundo do poço; tinha uma vida saudável e ficou desempregada, e viu na venda de cosméticos uma saída."

"Hoje, sei que não dá mais, tudo mudou. Estou muito fora; já passou, já foi. Talvez também eu tenha medo de sair e não conseguir dar conta das coisas; não gosto de deixar as coisas pela metade, ia ser uma decepção para mim."

Sobre ser uma alternativa de trabalho

"Quando voltei a São Paulo, estava sem perspectiva de trabalho, porque estava com mais de 40 anos e sentia que as portas estavam se fechando; sentia recusa, que estava sendo descartada. Tem lugares que eles querem meninas jovens de 20 anos; você não tem mais oportunidade de trabalhar pela experiência. Eu tenho experiência, sou uma pessoa confiável, mas querem pessoas jovens. A coisa mudou."

"As empresas querem meninas de vinte e poucos anos, jovens. Hoje em dia, a coisa mudou muito. Tem que ter boa aparência para chamar a atenção; as empresas não queriam dar oportunidade para poder mostrar meu serviço e minha experiência. Eu tenho experiência, sou uma pessoa responsável, mas não consegui."

"Você sabe, depois dos 30 anos, a mulher para arrumar emprego é velha e antes dos 20 é porque não tem experiência. Você chegar aos 49 e arrumar um emprego assim, nossa, seria uma vitória."

Sobre a importância de trabalhar com carteira assinada

"Se conseguisse um emprego hoje, com carteira assinada, me ajudaria muito na parte financeira, principalmente em casa; e eu ia me sentir valorizada em saber que, depois de um pouco mais velha, eu consegui arrumar um emprego, porque a mulher mais velha não arruma mais emprego. Não vejo mais chance para essa situação, mas seria uma vitória."

"Gostaria muito de trabalhar com carteira assinada. Acho importante ter carteira assinada, porque você tem os benefícios, mais férias, décimo terceiro, bem que queria um trabalho com carteira assinada, porque sei que iria ganhar mais e não iria passar dificuldade; iria ter uma vida melhor."

"No trabalho registrado você tem uma falsa segurança, porque a qualquer momento eles podem mandar você embora; mas você tem o salário fixo, tem o fundo de garantia, décimo terceiro e férias, e isso ajuda."

"A maior vantagem desse trabalho é você não ter nenhum vínculo com a empresa, para mim é uma grande vantagem e, assim, você pode fazer o seu tempo."

"Já acostumei com esse trabalho, com meu dia-a-dia; é bem flexível, não gostaria de montar um esquema de coisas a fazer com horário fixo. A liberdade é a maior vantagem desse trabalho."

Sobre a flexibilidade de horário

"A flexibilidade de horário até que ajuda, mas se tivesse um horário e um salário fixo sobre a porcentagem do meu, seria melhor."

"Dependeria também do trabalho e do horário. É importante ter horário flexível, porque meu marido nunca aceitou que eu trabalhasse em período integral."

"Gosto desse trabalho porque não é obrigado; assim é bem melhor, até dá prazer de trabalhar sem carteira assinada."

"Chega uma hora que você tem que dar uma parada, mas posso fazer o meu horário, além de conseguir ficar em casa de manhã duas, três horas e geralmente sair a tarde para fazer entregas ou visitar clientes."

"Se eu estivesse trabalhando em uma empresa, com certeza eu estaria ganhando um pouco mais, mas se por um lado, estivesse ganhando, por outro lado, estaria perdendo, porque hoje eu tenho outras responsabilidades e a flexibilidade me ajuda. Mas não dava para ficar parada em casa; me sentia muito perdida. O trabalho é muito gratificante para mim, seja ele qual for."

"Sem contar que a liberdade é a maior vantagem desse trabalho, a venda de cosméticos me ajuda a conciliar o modo de ganhar dinheiro com os afazeres de casa... Saio da rotina, faço meu horário. Esse meu trabalho é uma paixão. Isto é um negócio e eu não tenho tempo para fofocas, e fiquei bem mais conhecida. Isso transformou a minha vida, mudou o meu astral, melhorou a minha auto-estima."

Sobre a importância de trabalhar

"As pessoas precisam trabalhar. Eu não aconselho uma pessoa jovem a ficar sem emprego só porque não consegue ter a carteira assinada, a gente tem que trabalhar. O mais importante é você contribuir para, mais tarde, você ter uma aposentadoria, independente do trabalho que você conseguir."

"Trabalhei antes em loja, como recepcionista, desenhista projetista, e fui obrigada a parar de trabalhar depois que tive meus filhos.

Voltei a trabalhar porque não dá para ficar parada, não dá para ficar dentro de casa. Se ficar dentro de casa, fico perdida e, hoje, além de trabalhar em uma empresa, vendo cosméticos também."

"Trabalhar é gratificante demais; qualquer trabalho. Gosto de sair da minha casa, ir trabalhar, voltar e cuidar das minhas outras coisas, todos os dias com coisas novas, pessoas diferentes. Nesse meu trabalho, atual você conversa com as pessoas e acaba se envolvendo com a vida particular das pessoas, falando dos seus filhos, maridos; então, acaba conhecendo um pouco o dia-a-dia das pessoas."

"Meu trabalho significa, depois da minha mãe, dos meus filhos, de ser dona de casa, o principal para mim. Na verdade, esse trabalho me ajuda muito."

"Já trabalhei de tudo, de costureira (quebrando um galho), trabalhei até de empregada doméstica; fazia salgadinhos, ficava até meia noite fazendo, e às 4 horas levantava para fritar e meu marido vender na empresa . Eu vou à luta... Fiquei sem grana e conheci uma senhora que vendia cosméticos, e comecei a vender primeiro para ela que ia me dando uma porcentagem. Fiquei vendendo mais de 15 anos para ela e hoje eu vendo sozinha."

"O trabalho, é um negócio. Só de você sair é muito bom; você não tem tempo para pensar em outra coisa e nem fofocas, fora que você fica conhecida mais que tudo. O conhecimento, isso transformou muito a minha vida; mudou o fato de me relacionar com mais pessoas e como fui, durante quatro anos, a típica dona de casa, cuidando das minhas crianças, e vi que não era aquilo que queria."

"Quero montar um negócio. Vou ver se a empresa me manda embora. Quero montar uma loja de roupas para mim e voltar para minha terra. empresa eu sei que vou continuar vendendo. A gente tem que fazer um diferencial a mais, ser criativa, estar bem sucedida. No futuro quero estar realizada."

Sobre a venda direta ser
a fonte de renda principal

"É uma coisa muito importante para mim o que ganho; a importância que dou é muito grande, porque me ajuda na minha sobrevivência; me ajuda bastante, significa tudo."

"Sempre achei muito bom trabalhar e, no meu caso, eu trabalho porque preciso de renda, porque já que não posso ter um trabalho com renda fixa; então, vendo empresa e me cuido um pouco."

"Fico satisfeita porque vejo o meu trabalho reconhecido e ganho com isso."

"Minha renda não se tornou assim 100%, mas é o que segura as "pontas", paga as contas, me dá a liberdade de comprar com desconto e presentear as pessoas."

Sobre a venda direta ser
fonte de renda complementar

"A renda é pouca; eu gasto comigo ou pago aluguel e algumas despesas."

"Eu não quero correr atrás de muito dinheiro; quero ter o suficiente para viver e, se Deus quiser, crescer e estar bem, ganhando mais. Quero guardar dinheiro, e a venda dos produtos me ajuda nisso."

"Depende do dia que eu recebo. Eu sempre tenho dinheiro na mão. Não é muito, mas sempre ajuda. Trabalho todos os dias para ter um bom lucro, uma boa porcentagem."

"Às vezes, o lucro não é satisfatório, porque eu ganho 30% de tudo o que eu vendo; só que gasto com condução, gasolina, porque tenho que fazer a entrega dos produtos e telefonemas, e sobra pouco, ou quase nada. E só temos a porcentagem sobre as vendas, e não temos ajuda nenhuma; mas, na verdade, esse trabalho me ajuda muito."

"Eu pensava: 'se gosto tanto, porque não ganhar dinheiro com isso?' Resolvi, então, vender como uma forma de ajuda para as minhas despesas."

"Tenho o retorno da comissão. Então, dá para cobrir as necessidades e pagar as continhas. Minha renda é um suplemento; poderia ser melhor, se a comissão fosse um pouco maior, e se o preço fosse mais acessível teria maiores chances de vender.

"Entra um bom dinheiro. Não é a minha principal atividade, mas complementa, e isso é agradável."

"Ganhar é uma coisa muito importante para mim, porque ajuda na minha sobrevivência, me ajuda bastante, significa tudo. Sempre achei muito bom trabalhar e, no meu caso, eu trabalho porque eu preciso de renda, porque, já que eu não posso ter um trabalho com renda fixa, então vendo cosméticos e me cuido um pouco. Fico satisfeita porque vejo o meu trabalho reconhecido e ganho com isso. "

"Minha renda não se tornou assim 100%, mas é o que segura as pontas, paga as contas, me dá a liberdade de comprar com desconto e de presentear as pessoas. Eu não quero correr atrás de muito dinheiro; eu quero ter o suficiente para viver e, se Deus quiser, crescer e estar bem, ganhando mais. Quero guardar dinheiro, e a venda dos produtos me ajuda nisso, sempre tenho dinheiro na mão. Não é muito, mas sempre ajuda. Trabalho todos os dias para ter um bom lucro, uma boa porcentagem. Às vezes, o lucro não é satisfatório, porque eu ganho 30% de tudo o que eu vendo, só que gasto com condução, gasolina, porque tenho que fazer a entrega dos produtos (e telefonemas), e sobra pouco, ou quase nada. E só temos a porcentagem sobre as vendas; não temos ajuda nenhuma, mas, na verdade, esse trabalho me ajuda muito, dá para cobrir as necessidades e pagar as continhas. Minha renda é um suplemento; poderia ser melhor, se a comissão fosse um pouco maior e se o preço fosse mais acessível. Teria maiores chances de vender. Dessa forma, me sinto mais valorizada, porque eu tenho meu próprio dinheiro e não preciso depender de ninguém. Não ter dinheiro nem para a condução, isso seria humilhante, por isso que acho que esse trabalho me valoriza."

"Além de ganhar um salário na empresa, aumento minha renda sem sair do lugar e há a oportunidade de conhecer muita gente e ganhar com isso."

"Trouxe os cosméticos para vender como uma forma de ajudar nas minhas despesas, para me ajudar, porque antes eu só usava, sempre usei, uso e faço disso a minha propaganda para vender."

"Verdade, eu vendo para me ajudar financeiramente e nas despesas de casa. Hoje, minha renda dá uns 300 a 400 reais; tem mês que melhora um pouco, como o do dia das mães, do Natal, mas a base é essa."

"Com essa renda, consigo pagar alguma coisa, entra dinheiro, é uma grana que entra legal para mim. Hoje tenho um outro padrão de vida, muito melhor; aumentou a minha renda. No passado, ganhava muito mais. É que de um tempo para cá o mercado está mudando, ficou muito difícil para vender e muitos clientes deixaram de comprar porque não têm mais dinheiro e tiveram que cortar as despesas. A primeira coisa que a pessoa tira são os cosméticos; mas ela não deixa de comprar totalmente, ela diminui... porque, já que eu não posso ter um trabalho com renda fixa, então vendo empresa e me cuido um pouco."

"Ganho bem mais hoje; não ganho muito, porque não vendo muito e gasto mais comigo mesmo, para me manter. É com a renda que me cuido; é muito prazeroso, trabalho com uma coisa que gosto muito."

"Não precisa ter uma vida de rico, mas ter o dinheiro para pagar o aluguel, as coisas e manter uma vida saudável, ter uma vida digna;

foi uma saída. Dá para cobrir as necessidades, graças a Deus; pago as minhas continhas. Minha renda é um suplemento; tem meses que consigo entre 500 e 600 reais, tem meses que consigo muito mais. É uma boa ajuda."

"Hoje, tenho mais uma renda, é bem melhor; ajudo a pagar conta de telefone, conta de luz. Graças a Deus, não está faltando nada, o que posso estar fazendo eu faço."

Sobre a venda direta ser fonte de renda rápida e sem muito risco

"A vantagem é que você só vende o que o cliente pede. Eu não tenho dinheiro para fazer estoque; assim, é difícil perder dinheiro, mas mesmo assim, às vezes, eu dou desconto, ou pego dois cheques – é na confiança."

"Com esse trabalho é difícil perder dinheiro, porque só vendo o que o cliente pede, e isso é vantajoso, não compromete a minha renda; pelo contrário, só ajuda."

Sobre a compra com desconto

"Quando comecei a usar os produtos e depois a vender, percebi que, além da venda, eu também poderia comprar os produtos com desconto, que estaria ganhando mais; e, com a renda que consigo, pago minhas contas, compro as minhas coisas, compro o que eu quero, vivo bem."

"Minha renda não se torna assim 100%, mas é o que "segura as pontas." É uma ajuda financeira, paga as contas e me dá a liberdade de comprar com desconto para poder presentear as pessoas. "

"Gosto de vender, me traz lucro e aproveito para poder usar também; encontrei esse trabalho de vendedora e isso me satisfaz."

"Como sempre trabalhei e conhecia os produtos da empresa, então, comecei a comprar para usar, e depois comecei a vender."

"Esse meu trabalho é minha paixão; gosto muito e tenho a vantagem de comprar com desconto e poder usar, porque consigo vender."

"Sobrevivia com o salário do meu marido. Era só o salário dele, e ele me dava um salário para eu ficar em casa. Quando fui trabalhar e também vender, aumentou meu padrão; com esse dinheiro eu compro meus produtos para utilizar e vivo tranqüilamente, consigo comprar coisas que eu preciso, compro o que eu quero e vivo bem."

Sobre a realização pessoal

"Trabalho pela necessidade financeira e, segundo, pela minha satisfação pessoal, porque hoje em dia nenhuma mulher fica em casa."

"Elas foram trabalhar primeiro por isso, necessidade de renda e, depois, os homens, hoje, não conseguem sustentar suas famílias, e elas descobriram que podem viver como elas gostariam; e foram à luta, o que acho muito bom, e ainda podem ajudar o marido; mas o principal é a necessidade financeira."

"Depois que comecei a vender, mudei o meu astral e melhorei financeiramente. Tenho mais uma renda e é bem melhor. Hoje, ajudo a pagar conta de telefone, conta de luz; graças a Deus, não está faltando nada; o que posso estar fazendo, eu faço."

"Ganho bem mais hoje. Não ganho muito, porque não vendo muito e gasto mais comigo mesma. É com a renda que me cuido. É muito prazeroso. Trabalho com uma coisa de que gosto muito, mas gosto mais do dinheiro que ganho. Melhorou minha auto-estima, em função desta atividade, porque eu andava muito triste, ficava muito em casa, parada; hoje não, trabalho o dia inteiro, mas só que em casa e fazendo meus horários."

Sobre a identificação com a empresa que representa

"O 'bem-estar' da empresa não é só a parte de cosméticos, mas você se cuidar, você estar bem, bem com as pessoas, bem com o mundo; eu acho que tem que acreditar na empresa."

"Na empresa dá gosto de você trabalhar; gosto deles, do produto e do dinheiro, porque a gente vive em torno disso. Eu me sinto bem, vendo aquilo de que gosto. Sinto prazer em representar, de falar sobre eles, da ecologia, dos projetos sociais; parece que você se sente mais poderosa. Gosto de me sentir poderosa, útil; não vendo uma coisa com que não me sinto bem. Tenho carinho por ela, tanto que a minha filha já se tornou uma consultora."

"Simpatizo com a fábrica da empresa. Você se sente fazendo parte da família da empresa, porque eles te valorizam. Conheço a empresa. Eles mandam ônibus para te buscar; tem os passeios para conhecer a fábrica. Já estive lá, já fui várias vezes visitar. Eles te recebem e mostram toda a linha de produtos, como é o trabalho. Tem pessoas deficientes que, acho que eles têm idéias inteligentes, voltadas para a ecologia, explorando um lado do Brasil que é muito desconhecido, além de se preocupar com o futuro, o futuro do país."

"É uma empresa que lida com a beleza, e ao mesmo tempo, ela ajuda a melhorar os sentimentos das pessoas. Ela se preocupa com o ser humano, com a ecologia, com o social. O cosmético está muito ligado à gente. Ela vende a idéia de que você vai continuar com suas características, a sua pele vai melhorar e vai melhorar a sua auto-estima também."

"Eles dão cursos de maquiagem, de como se maquiar, e isso é bom a gente passar para os nossos clientes. Também participo de reuniões, vejo pessoas diferentes, em lugares bacanas como o Memorial da América Latina. Eles dão seminários às vezes. Acho que é palestra. Vou super feliz, ansiosa para ver, porque eu adoro, gosto muito. Eles fretam ônibus e pegam as pessoas todas juntas em um lugar mais próximo da casa, onde for melhor para todas; são muitos ônibus."

"Depois que comecei a vender, me sinto mais valorizada, porque você se arruma mais; você se sente bem. A empresa faz você crescer. Quando você fala que vende os produtos, principalmente quem não conhece, acha que a gente é empresária por vender esses produtos; é um nome forte, que valoriza, e ela significa uma coisa importante neste lado da ajuda financeira. Eu gosto dela. Acho que só trabalho com ela porque gosto mesmo; vira e mexe recebo e-mail para vender outras coisas, mas não quis misturar, não posso vestir duas idéias."

"Eles te recebem e te mostram toda a linha de produtos, te mostram como é o trabalho. Lá tem pessoas deficientes que trabalham, tem as reuniões, uma vez por mês, reunião do setor, em que a gente fica por dentro de tudo."

Sobre a credibilidade da empresa

"Ela é bem conhecida no mercado, seus produtos têm qualidade, porque, quando você vende um produto de qualidade, você lucra, dá para vender mais que outros produtos. Além disso eles ajudam a gerar emprego."

"A empresa faz você crescer. Quando você fala que vende os produtos, principalmente quem não conhece, acha que a gente é empresária por vender esses produtos; é um nome forte, tem credibilidade, valorizada. Eu gosto dela. Acho que só trabalho com ela porque gosto mesmo; vira e mexe recebo e-mail para vender outras coisas, mas não quis misturar."

"O nome da empresa é um nome forte; todo mundo conhece a empresa e quando tem promoção isso chama a atenção. Tenho liberdade de chegar e abrir o produto, mostrar. Geralmente vendo para as pessoas que conheço no trabalho e para os amigos que encontro; um fala para o outro, eu conto de onde vem as plantas, que é matéria prima brasileira, e eles gostam."

"A empresa é bem conhecida no mercado. Ela tem vários projetos sociais, de preservação. Ela é muito preocupada com isso e as pessoas sabem, seus produtos têm qualidade. Quando você vende produtos com qualidade, você lucra; dá para vender mais que outros produtos por que todo mundo gosta da empresa."

Sobre a qualidade dos produtos que vende

"O conceito de vender beleza é você usar hoje para estar bem amanhã; é uma prevenção do envelhecimento precoce e eu acredito nisso. Para vender um outro produto, se eu não acreditasse, eu não saberia... o importante é que, além da renda, você está vendendo beleza."

"Vender cosmético é muito bom. Eu gosto de vender um tratamento, uma coisa que eu percebo que tem qualidade e está melhorando a vida das pessoas. Eu sou mulher e acho muito bom vender esses produtos, falar 'Puxa! Eu passei um creme e fiquei bem.' As mulheres são loucas para ficarem lindas e maravilhosas; então, elas estão comprando beleza."

"Os produtos são caros, mas são de qualidade e a qualidade dos produtos ajuda a vender. O cosmético potencializa a beleza, eles ajudam a trazer a beleza. É importante trazer os cosméticos para a vida das pessoas, de forma positiva."

"Os produtos são fantásticos. Se falar muito sobre eles dá para vender, se não falar as pessoas pedem mesmo assim."

"Eu acredito nos produtos e na qualidade deles. Dá muito prazer ter o retorno das pessoas, quando falam que adoraram, e eu contribuo para melhorar o astral delas – é uma delícia."

"Graças a Deus, tenho o privilégio de levar até às pessoas produtos de qualidade e ainda lucrar com isso."

"Se você não tem esses produtos, como é que você vai ficar mais bonita? A gente sabe que tudo isso é adereço à nossa vida, mas ajuda; se você está triste e o seu visual muda, fica mais elegante, isso te deixa mais feliz."

"O prazer de receber a caixa, de organizar as sacolas, de ter o retorno das pessoas falando que adoraram, da qualidade, de vir e comprar de novo de você é muito importante."

"Para mim, junta o útil ao agradável, porque eu também utilizo os produtos; então, é uma coisa que, por mais que seja secundária e seja um prazer, eu sei que é um produto que eu consigo vender. Os produtos são caros, mas são de qualidade."

"Eu tenho um sentimento de prazer em vender e usar um produto de qualidade, apesar de ser caro. Ela está muito bem situada no mercado; acho que é pela confiança que ela passa."

"Eles não deveriam aumentar tanto os preços dos produtos, ou, então, que dessem um prazo maior para o pagamento; ajudaria a vender melhor. Acho que faz parte, mas você não perde com a empresa."

"Vendo esse produto porque confio muito na empresa; tem qualidade, ele se paga. Acredito nos produtos; não é papo de vendedor, é que realmente são bons."

Sobre realização e orgulho

"Me sinto mais valorizada, porque eu tenho meu próprio dinheiro e não preciso depender de ninguém. Não ter dinheiro nem para a condução, isso seria humilhante; por isso que acho que esse trabalho me valoriza."

"Hoje, eu sou uma comerciante, uma vendedora comercial, quase uma empresária, uma vendedora bem sucedida; claro que ainda tem alguma coisa para conquistar, ainda preciso ser mais."

"Não preciso ter uma vida de rico, mas ter dinheiro para poder pagar o aluguel, manter uma vida saudável, digna, e esse trabalho foi a saída, uma maneira positiva."

"O dinheiro vem com satisfação e não com obrigação, e essa relação é muito gostosa, muito boa. Até conseguiria ganhar mais, se tivesse mais tempo disponível, porque se não vender eu não ganho. Quando faço uma boa venda, lucro melhor e fico satisfeita, porque vejo o meu trabalho reconhecido e só ganho com isso."

"Me sinto bem neste trabalho, mas se eu pudesse escolher entre trabalhar em uma empresa ou como vendedora, eu preferiria trabalhar em uma empresa, para poder ter um salário fixo."

"Vendo, não apenas pelo dinheiro, que é importante e que às vezes nem compensa, mas vendo também porque ajudo a melhorar os sentimentos das pessoas sobre si. Eu gosto tanto desse trabalho que, mesmo se arrumasse outra atividade, venderia no final de semana. Tenho prazer em vender esse produto, que é de qualidade e está muito bem situado no mercado."

"Eu me sinto valorizada. Você sabe que tem seu dinheiro e não precisa ficar dependendo dos outros, das pessoas. Não preciso pedir para o meu marido; não ter dinheiro nem para a condução, nossa, é humilhante. Esse trabalho valoriza a gente."

"É uma coisa engraçada. Fico feliz quando chega a caixa dos produtos. Me sinto super feliz quando abro a caixa; me sinto tão bem porque vou distribuir. Penso "Nossa, que legal que consegui vender isso", porque os produtos são caros em relação a outros do mercado e nem sei como consigo vender. O dinheiro é importante, mas, sinceramente, eu ainda acho que essa parte de arrumar e separar as sacolinhas é mais gostosa, porque o dinheiro vem, mas acabo pegando tudo em produto para mim mesma."

"Não tenho o que reclamar, oportunidade eles dão; por exemplo, se eu conseguir alcançar a minha meta estabelecida, ganho um produto, e isso eu considero uma forma de reconhecimento, uma troca, porque, se eles não derem nada, a gente também não dá nada. A gente tem que se sentir um pouco querida para dar mais."

"É como um lazer, um hobby, tranqüilo. Não é um trabalho que eu tenha que ficar sentada oito horas. Se hoje eu não estiver bem e não der para fazer as visitas, eu não vou; posso descansar e ir em outro dia, porque já vou estar com outro espírito - em um outro tipo de trabalho, isso não seria possível."

Sobre valorização pelos clientes

"Esse meu trabalho é uma paixão. Isto é um negócio e eu não tenho tempo para fofocas, além de ficar bem mais conhecida. Isso transformou a minha vida, mudou o meu astral, melhorou a minha auto-estima."

"Gosto de conversar com o povo, ver o pessoal contando, falando que gostou de tal coisa. É uma troca de informação. Eu gosto; é gostoso vender aquilo que gosta, você vende muito mais, faz a venda acontecer. Além disso, passo para as pessoas que me cuido. Falo da importância que é a pessoa usar cosméticos, e isso ajudou a aumentar as minhas vendas."

"Nesse meu trabalho, eu incentivo, ajudo as pessoas a ficarem mais bonitas. E, se a gente não tivesse esses produtos como as pessoas poderiam ficar mais bonitas?

"Na vida, você tem que encontrar o que é conveniente no momento. E, no momento, é conveniente que eu venda os produtos. Porque dá gosto de trabalhar, de representar, de falar sobre; parece que eu me sinto mais poderosa, e eu gosto de me sentir mais poderosa e útil."

"Depois que eu comecei a vender, me sinto mais valorizada e passei a me arrumar melhor... Eu estou ajudando de alguma forma as pessoas a ficarem mais bonitas. Tem gente que adora chamar a atenção e tem gente que se sente bem sendo bonita; eu me sinto bem, comigo mesma."

"Ser vendedora direta é um prazer para mim, é um hobby, é uma delícia, é muito bom. É muito gostoso trabalhar. Eles respeitam as consultoras. Eu me dou bem em trabalhar com pessoas e com o lado emocional delas, além de conseguir comprar coisas para a minha casa."

"Fico satisfeita porque vejo o meu trabalho reconhecido e por estar ganhando com isso. É um negócio. Eu lido com negócios. Considerando tudo que faço, essa relação de vender cosmético é uma boa. As mulheres são loucas para ficar lindas, maravilhosas; elas compram beleza e o dinheiro vem com satisfação."

"O que eu mais gosto é vender. Eu fico bastante satisfeita quando vou a uma cliente e ela compra os produtos. Além de estar ganhando com isso, me ajudando na parte financeira, fico feliz, o cliente fica contente e repete. Gosto de ter clientes que fiquem para sempre; então, procuro atender bem. Quando faço uma boa venda, lucro melhor."

"Vendo para homens e eles são bem mais exigentes, infelizmente; mas é legal. Cliente homem não gosta de esperar o produto; quer que a gente tenha o produto nas mãos. E vendo para as pessoas que trabalham fora; donas de casa como eu são poucas, mais para quem trabalha fora, pessoas que eu já conheço e que já são minhas amigas também."

"Hoje sou uma comerciante, uma vendedora comerciante, uma vendedora bem sucedida. Posso dizer que me sinto bem, não posso reclamar, mas quero mais. Tenho alguma coisa a desejar; acho que ainda tem alguma coisa, ainda preciso ser mais.

"Hoje eu estou realizada, estou bem, mas claro que ainda tenho alguns objetivos; não falo de sonhos, porque sonho é sempre sonho e você nunca alcança."

"Mas para vender não é só isso; você tem que ser uma pessoa educada para conversar com os clientes, não descontar nos clientes seus problemas de casa. Estou sempre sorridente, não desconto nada em ninguém e uso o produto para poder mostrar confiança para quem você está vendendo, porque assim a pessoa volta a comprar."

Sobre amizade
e relacionamentos com os clientes

"Esse tipo de trabalho é diferente de um trabalho em loja, por exemplo, porque em loja você tem que ter uma outra postura - é mais automatizado, sendo que, na casa da pessoa, você senta, mostra as novidades ou leva os produtos que a pessoa pediu; é uma coisa mais ostensiva. Com a falta de segurança, cai um pouco a confiança e a vendedora da Empresa, de uma certa forma, ela leva o nome de uma grande empresa ; então, isso passa confiança para os clientes, foge do esquema de loja."

"A venda acontece quando você tem um entrosamento com a pessoa, porque todo mundo conhece a empresa e isso chama a atenção. O contato que eu tenho com as pessoas, a troca de experiência, dinheiro nenhum paga isso, e eu gosto. É gostoso vender aquilo que se gosta, porque se consegue vender muito mais; faz a venda acontecer."

"Sempre tem um pessoal que compra. É preciso estar sempre em contato com elas, sentir as pessoas, saber do que elas gostam, pegar amizade, ir dando um "presentinho", um "descontinho"; a gente fica muito amiga, os principais clientes são sempre os mesmos e eles nos indicam para as outras pessoas. Para vender, o boca-a-boca é muito importante; vou em lojinha, mercado; é muito por indicação."

"Tem de tudo, você pega pessoas muito chatas ou muito legais, que ficam sendo amigas, que passam a freqüentar a sua casa e você a delas, existe muito isso; mas tem pessoas que não querem nem olhar para a sua cara, querem que seja entregue o produto por outra pessoa e pronto; e outros se tornam amigos mesmo."

"Por isso sempre agrado os meus clientes. Divido em duas vezes. A empresa não divide, mas eu dou aquele jeitinho brasileiro. Pego a minha comissão e cubro."

"Gosto desse tipo de venda. Não suportaria passar o dia inteiro em uma loja, por exemplo, esperando o cliente chegar até mim. Prefiro ir até o cliente, porque você, indo até o cliente, você acaba abordando de uma forma não tão agressiva; você faz contato com pessoas de diferente níveis e isso ajuda você a crescer bastante enquanto pessoa."

"Para entregar eu levo na empresa, vou no fim de semana à casa ou ao apartamento delas. Quando eu deixo na portaria, o porteiro liga, e é normal falar 'sobe'; aí aproveito para mostrar outras coisas, se elas estão querendo outros produtos, e assim a gente vai vendendo."

"Vendo também por telefone, oferecendo, no salão perto de casa. Levo o catálogo em médico, consultório de dentista; vou fazendo meu comercial. Às vezes, eu levo o produto e mostro, e sempre tem uma indicação; uma indica outra e acabo vendendo sempre. Mas ultimamente, são sempre os mesmos; não conquistei clientes novos, está meio parado."

"Levo amostrinhas de lançamentos, porque só com o catálogo não dá, mesmo quando sei que o cliente não vai ficar naquele momento com o produto. Às vezes, você está plantando para o futuro. Tem que ter essa divulgação e sentir a oportunidade. Quem vende não pode ter medo de vender, mesmo que você veja que o cliente não se interessou bastante; mas você faz a sua parte e, uma hora, ele vai se interessar."

"Meu objetivo é sempre vender. Eu não posso ficar limitada. Tenho que divulgar; tenho que falar para o cliente me indicar. É difícil conseguir cliente. Até fazer a minha clientela foi complicado. Vendia na empresa que eu trabalhava. Comecei a vender e fui arrumando outras clientes. Quando parei de trabalhar não parei de vender; aí comecei a ter a minha clientela formada. Onde vou levo a minha revistinha na mão; só não saio oferecendo, batendo de porta em porta. Gosto de mostrar o catálogo com os lançamentos e, conforme faço demonstração, consigo mais clientes."

"A gente tem que procurar as oportunidades, não querer cliente só para ela comprar, mas para ser amiga, porque ela te indica outra amiga. É assim que funciona; se não for dessa forma, o seu negócio pára e, quando vejo que o negócio está parando, eu começo a ligar. Você não pode parar, tem que continuar. Se você sentar na sua casa e esperar o telefone tocar, você não chega a lugar nenhum; além disso, você tem que ter o conhecimento do produto que está vendendo - isso é importante, tem que procurar se informar."

"Vendo para as pessoas de 20 a 50 anos, homens e mulheres; são funcionários do condomínio, porteiros, faxineiros, baby sitters, donas de casa que compram para os seus filhos, para os maridos, e vendo para pessoas que trabalham fora também, como o gerente de banco onde tenho conta."

"Tenho a data de aniversário das minhas clientes e dos filhos delas, e aproveito para mandar mensagens; assim, você vai cativando e vai tornando aquela pessoa fiel - isso é a alma do negócio: ser uma pessoa honesta. E elas vão trazendo outras pessoas; então, nem preciso fazer propaganda, os outros mesmos vão fazendo."

"Tenho um genro que me ajuda Ele leva e vende na empresa . Tenho uma sobrinha que me apresentou no seu trabalho e vou até lá para vender, faço amizade; meu marido leva o catálogo para a empresa . Montei um grupo de oração e vendo para o grupo."

"Meu relacionamento com os clientes é bom, são sempre os mesmos, e esses trazem outros. Eu diria que vendo mais para as mulheres. Tenho uma clientela de homens, mas não é muito grande; são mais ou menos 15%, tem muitos que se tornam amigos e outros que são só clientes, e aqueles que não dão muito chance de você oferecer."

"Se pudesse melhorar alguma coisa, melhoraria o modo como as pessoas vêem o meu trabalho, porque tem um pouco de preconceito com a vendedora de cosméticos. Eu não sou apenas uma entregadora com uma perua Kombi; eu dou atenção para o cliente, tem todo um relacionamento."

Sobre o futuro do trabalho

"Sei que, depois de alguns anos na empresa, você se torna um plus, não é mais uma consultora normal, tem vantagens a mais. Eu acho que estarei enquadrada nisso e ficará mais fácil trabalhar, porque terei um diferencial; não serei mais uma, como sou hoje, é isso que espero: crescer."

"E quero que os meus filhos vençam na vida, seja na venda de cosméticos ou como funcionários de uma empresa, empregados. Eu pretendo que a empresaseja meu futuro, até o fim da vida. Quero que ela cresça mais ainda e dê oportunidade, não só para mim, mas também para muitas pessoas que precisam."

"Quero continuar a vender os produtos, porque com a empresa não tem esse problema de idade avançada e poderei continuar ativa."

"No futuro, daqui a 10 a 15 anos, quero ser bem sucedida, quero ter minha casa, não estar pagando aluguel (o que é meu grande sonho); vou ter uma filha criada e vou ter que ter recursos que já guardo há um bom tempo para pagar sua faculdade. O que ganho vendendo os produtos me ajuda nisso. Não quero parar de vender; eu gostaria de continuar vendendo."

"Daqui a 15 anos, pretendo ainda estar na Empresa, porque lá a gente pode continuar vendendo que não tem problema de idade. Meu filho já vai estar formado, casado e meu marido aposentado, e acho que não vamos estar mais morando em São Paulo. Quero estar super bem, mesmo com uma idade avançada, mas com uma boa cabeça, continuar ativa, vendendo meu produtos."

"Daqui a dez anos terei 73 anos; quero ter mais sossego, quero estar passeando, mas não quero parar, quero trabalhar, porque, você trabalhando, você está numa atividade; você até está desgastada fisicamente, mas você está com agilidade. Não quero ficar uma pessoa em cima de uma cadeira ou deitada; quero ter agilidade em tudo, mas também quero que a minha situação financeira esteja melhor para eu me manter. Se Deus quiser, vou estar trabalhando firme e forte; quero continuar vendendo cosméticos ou fazendo outras coisas, tomando conta de uma pessoa idosa, mas continuar tendo a felicidade que tenho hoje, apesar dos trancos e barrancos."

"A empresa é meu futuro. Até o fim da minha vida, que eu continue sendo fiel a ela, porque, para ser fiel, tem que ajudar a pagar as contas, e quero que ela cresça mais ainda e dê mais oportunidade, não só para mim, mas para muitas pessoas que estão precisando; depende de nós e, se estiver bem de saúde, de cabeça, vou estar trabalhando vendendo."

CAPÍTULO 7

CONSIDERAÇÕES SOBRE AS VENDEDORAS DIRETAS

O relatório do *Bureau Internacional do Trabalho* estima que 840 milhões de pessoas estão desempregadas ou em situações de subemprego tão precárias e mal-remuneradas que equivaleria a estar sem emprego, ou seja, aproximadamente um terço da população ativa mundial, apta para o trabalho e necessitando trabalhar, não só está fora do mercado de trabalho regular, como não tem perspectivas de encontrar um emprego a curto prazo.

A amplitude desse número pode ser questionada por incluir países e economias regidas por fatores diferentes, ou não tão alinhados com a lógica capitalista ocidental da compra e venda da força de trabalho, como ainda acontece em alguns países da antiga URSS, nos países islâmicos e na maior parte da África, que emergem agora para o capitalismo; mas esse dado traduz que uma em cada três pessoas ativas no mundo não está no mercado formal de trabalho, tendo de lutar no mercado informal para assegurar sua sobrevivência; com certeza, esse número, no Brasil, não deve ser diferente, e provavelmente é até pior.

A exclusão do mercado formal

As sucessivas crises a partir dos anos 1980 e a flexibilização do sistema produtivo a partir dos anos 1990 ampliaram as formas de trabalho informal e sub-contratado, especialmente por terceirizações, trabalho autônomo e mão-de-obra temporária, enquanto diminuíram os aspectos formais, a representação sindical, contratos de trabalho e uma certa estabilidade, que trazia consigo maior fidelidade do trabalhador à empresa empregadora.

A diferença entre emprego e desemprego era nítida. O desemprego, em décadas passadas, era considerado mais "um momento temporário" na vida de um trabalhador, notadamente causado por crises conjunturais nacionais ou movimento de setores produtivos, mas que, em poucos meses, seria superado, diferente do fim do emprego na forma tradicional como é na atualidade, que força o trabalhador a repensar toda sua carreira, em demanda de novas formas de atuação, como o trabalho informal, abrir uma empresa em casa, ou ser autônomo para poder se sustentar.

Proliferam-se, atualmente, novas relações de trabalho, configurando um espectro de possibilidades que vão desde o "teletrabalho" até as mais variadas formas de trabalho autônomo (professores, consultores e vendedoras diretas, por exemplo); o trabalho formal torna-se escasso, e cada vez mais disputado, enquanto a informalidade assume o comando da força de trabalho.

Se antes eram poucos meses de luta para voltar ao mercado formal de trabalho, e uma poupança familiar somada ao FGTS e aos benefícios vindos com a demissão eram suficientes para garantir a sobrevivência familiar nesse período de transição, hoje o desemprego é de longa duração, um crescente período que vai cada vez mais afastando os trabalhadores do mundo formal de trabalho, paulatinamente associado a anos de procura de emprego, especialmente para grupos mais vulneráveis, como é o caso das mulheres casadas que, por motivos de família, gravidez e filhos, afastaram-se do mercado formal, ou as com mais de 40 anos, fazendo com que a reinserção seja tida como um "sonho", conforme expresso nas entrevista realizadas.

Nos últimos anos, é no mínimo ingênuo pensar no desemprego como uma situação provisória ou inadequação profissional a um perfil específico. A dinâmica do trabalho mudou socialmente e de forma definitiva, trazendo consigo novos movimentos, formação de redes, novas hierarquias e movimentos sociais. Trata-se, portanto, de um processo e não de um momento; trata-se de uma metamorfose – mudança de estrutura e forma – sem, contudo, alterar a base capitalista que, ao contrário, se estrutura cada vez mais fortemente, define novas formas e adota novas estratégias conforme seu interesse, qualificando os que precisa, desqualificando aqueles que não precisa, ou criando formas alternativas, como o trabalho autônomo e a venda direta para os que lhes são interessantes.

Os indivíduos afetados pelo desemprego e precarização (que estão numa situação movente, pois ainda não estão desprovidos de recursos para serem considerados totalmente excluídos da esfera produtiva e social), ainda não estão a uma distância tão grande das normas da sociedade, a ponto de poderem ser designados como corpo estranho ou categoria separada.

Esse é o caso de boa parte das vendedoras diretas.

O fato de a maioria das vendedoras diretas encarar seu trabalho como forma de obtenção de renda complementar, especialmente para as desempregadas, coloca-as em uma situação movente entre o trabalho formal e a exclusão total. Para a maioria, o sentimento é de exclusão e frustração em relação ao mercado formal ("já trabalhei com carteira assinada, mas agora não quero mais", mencionado por 54% das entrevistadas), o que gera uma distorção da identidade social compensada por meio do trabalho de "consultora de beleza", frente à fragilidade da posição dos trabalhadores em relação ao capitalismo atual.

O trabalho de vendedora direta apresenta-se, para a maioria, como vetor essencial para a identidade e a socialização dessas mulheres. Durante os encontros de vendedoras presenciados, a interação entre as vendedoras, os aplausos, as histórias empreendedoras, o apoio entre elas na venda mútua, trazem consigo o resgate da deriva social na qual muitas estariam se não tivessem essa alternativa.

A ausência total de opções, além de excluir definitivamente do principal fator de socialização, traz consigo o sentido de *morte social*, imobilismo e perda do sentido de estruturação do tempo, pois a mulher trabalhadora é afligida normalmente pela dupla jornada de trabalho (por vezes tripla), mas, ficando desempregada, em vez de ampliar, ela reduz o tempo dedicado anteriormente às tarefas domésticas.

Para muitas das entrevistadas, a venda direta evitou depressão, resgatou e trouxe o sentido de trabalho, do orgulho de ser "consultora de beleza", de levantar da cama e ter o que fazer; deu a possibilidade para aquelas com mais idade, literalmente excluídas do mercado formal, de sobreviver ou complementar sua renda de aposentadas, trouxe equilíbrio e estabilidade a casais e famílias, muitas das quais se envolvem com o próprio processo de venda, entregando produtos, levando os catálogos para a empresa e mostrando-os aos colegas como forma de obter mais pedidos. Mais que a própria renda, antes de tudo, o desemprego e o trabalho precário são sentidos como perda da qualificação social que respalda a auto-estima, o papel perante a família, os parentes e os vizinhos. Mais que doer no bolso pela falta de dinheiro, a falta de trabalho e o trabalho precário doem na alma.

Frustrada por não conseguir, após várias tentativas, voltar para o mercado formal ("não consigo mais emprego com carteira assinada", mencionado por 26% das entrevistadas), a vendedora direta que não trabalha formalmente, em sua maioria, considera-se vítima de um processo injusto de procura de trabalho, associando-o à idade e a não ter "padrinho dentro das empresas"; poucas admitem não ter mais qualificação ou não querer trabalhar formalmente.

Sentindo-se à margem por não poder contribuir e nem usufruir do mundo capitalista, vêem na venda direta uma possibilidade de ganho e inserção sem a necessidade de alto grau de capacitação, de escolaridade, de padrinhos para indicar nas empresas, de idade ou aparência como pré-requisitos para o exercício desse trabalho, abraçando-o não necessariamente como "meu sonho, meu orgulho", mas especialmente como "minha alternativa".

Suprir esses sentimentos é uma das maiores vantagens da ocupação com a venda direta. Em uma sociedade cada vez mais sem trabalho formal, com desemprego, exclusão social e formas precárias de relações de trabalho, a venda direta aparece como alternativa para mais de 40 milhões de pessoas no mundo, e quase 2 milhões no Brasil, propiciando formas de resgate da vida social, por intermédio da própria necessidade de relacionar-se para conseguir vender, e como forma de renda para sobrevivência.

A exclusão social, o desemprego e a precarização do trabalho são processos em constante mutação no mundo atual, introduzindo novos conteúdos, classificações, heterogeneidade e paradoxos, enquanto descartam, definitivamente, os mais fragilizados e amedrontam as prováveis futuras vítimas.

No acompanhamento da vendedora direta em mais de dois anos, tive a oportunidade de constatar que a maior parte não tem alternativa para inserir-se novamente no mercado de trabalho formal ("Procuro emprego com carteira assinada", afirmação de 80% das entrevistadas). Logicamente, não estamos falando das que trabalham e são vendedoras diretas, mas daquelas que já saíram da formalidade e terão muita dificuldade em retornar. Muitas, por falta de capacitação visível nos encontros e entrevistas realizadas; muitas, pela fragilidade perante a vida dificilmente passariam em uma primeira entrevista em um processo seletivo normal realizado pelas empresas; algumas porque já desistiram depois de tentar voltar para o mercado formal; e outras, porque priorizaram os cuidados com a família e com a criação dos filhos.

Para todas essas mulheres, a venda direta é a única ou a melhor alternativa, e por isso fortemente valorizada. No fundo, elas não têm opção ou essas opções são muito poucas; daí o próprio sentimento em face da sua atividade, e a forte relação afetiva com a empresa que representam sejam exacerbada, conforme apresentado.

Aspectos como flexibilidade de horário, fazer amizades e o próprio fetiche com o produto encobrem a falta de opções, a ausência de um leque de possibilidades de trabalho, enquanto o capital cria alternativas de seu interesse, recriando a exclusão. A "pseudo" autonomia, fator apontado pelas vendedoras diretas como uma das maiores vantagens no exercício de sua atividade, é absolutamente dual e contraditória, pois autonomia pressupõe a condição de um indivíduo ou de um grupo de se determinar por si mesmo, segundo suas próprias leis.

As vendedoras diretas, insisto, em sua maioria, não têm uma real autonomia, que significa conquista, um ato deliberado e árduo de busca por toda uma vida. Elas não têm a opção de escolher seu trabalho e a dependência dessa atividade é muito grande; o que elas têm é determinação e vontade de vencer, e o capital, sabendo disso, tenta injetar reconhecimento, motivação e realização, envaidecendo-as como "consultoras de beleza". Enquanto produz autovalorização, dá a elas uma identidade, vende uma caixa de cartão de visitas com seu nome escrito. Somente uma parcela mínima das entrevistadas pode dizer que exerce essa atividade por prazer, para sair de casa, para relacionar-se e evitar a depressão, caracterizando uma maior proximidade com o conceito de autonomia; para a maioria, é luta, na qual o sentido de cada produto vendido está mais próximo da sobrevivência e da obtenção de renda do que da realização.

O mundo do trabalho tem presenciado um processo crescente de exclusão dos jovens e dos trabalhadores considerados "velhos" pelo capital; aqueles de 40 anos ou mais, uma vez excluídos do trabalho formal, dificilmente conseguem se qualificar para o reingresso.

Pode-se afirmar que, para a maioria das entrevistadas que não trabalham formalmente, que tiveram coragem para expressar seu pensamento, e para as que expressaram-no de forma velada ou sutil, pelo constrangimento e dificuldade de assumir a dura realidade, que é o fato de não ter, na verdade, oportunidade no mercado de trabalho formal, e o crescente aumento do número de mulheres que se dedicam à venda direta deve-se à essa exclusão. Ficou evidente, durante as pesquisas, que, para a maioria, trabalhar com carteira assinada é a maior vontade, um sonho para algumas, mas com poucas chances no mercado de trabalho atual; vêem a venda direta como uma forma digna de continuar trabalhando e obtendo renda, enquanto uma parte continua procurando emprego e outra, já cansada e sem perspectiva, soma números na estatística da informalidade brasileira.

A necessidade de obter (mais) renda

Nas sociedades que elegeram o consumo como valor supremo, a perda ou a redução do poder aquisitivo é sentida como uma dura provação, fazendo com que pessoas e famílias corram atrás de oportunidades para complementar sua renda e voltar a ter o poder aquisitivo anterior ou o desejado.

Mesmo nos países economicamente desenvolvidos, um trabalhador, ao perder seu emprego e recorrer ao seguro social, tem uma perda de renda considerável, não conseguindo manter seu padrão de consumo no mesmo patamar.

No Brasil, a situação é bem pior. Convivendo décadas com pacotes econômicos, círculos inflacionários, desemprego crescente e perda salarial, o brasileiro vive imerso em uma espécie de degradação financeira, o que força-o a desenvolver estratégias econômicas para diminuir essa perda e manter sua qualidade de vida, ou pior, para simplesmente tentar sobreviver.

Diante das crises das últimas décadas, a participação da mulher no mercado de trabalho aumentou significativamente como conseqüência da necessidade de gerar renda complementar ou principal para si ou para sua família. Em particular, houve crescimento de trabalhos voltados para atendimento e venda direta, que possibilitam a geração de renda rapidamente, maior flexibilidade de horário e são mais associados a atributos femininos.

O conceito de trabalho por conta própria vem sendo delineado como oposição à situação de empregado, tendo em vista que, no último caso, o trabalhador é alocado em ocupações de empresas formais ou informais constituídas, ou seja, como um assalariado. Assim, o trabalho por conta própria ou autônomo é definido como uma situação em que o trabalhador exerce a ocupação com independência, é proprietário do capital empregado, e recebe uma renda; essa renda resulta da diferença entre gastos e receitas, e não é determinada anteriormente, pois depende da qualidade e da quantidade do trabalho oferecido, e também da demanda direta do mercado no período.

Como desdobramento dessa definição, a vendedora direta pode ser classificada como vendedora por conta própria, que gera seu "auto-emprego", tendo maior grau de autonomia, controle sobre seu trabalho e independência organizacional; nesse ponto, seria o próprio patrão e não venderia sua força de trabalho no mercado. É o caso da venda direta, pois, ao comprar os produtos com desconto para posteriormente vendê-los com lucro, a vendedora aufere sua renda, enquanto depende da demanda do mercado, da qualidade dos produtos que vende e do nome da empresa que representa para aumentar sua chance de êxito. Seu risco só será minimizado se o período decorrido entre a venda do produto e o recebimento do cliente for menor que o período dado pela empresa para ela pagar; caso contrário, a vendedora assumirá um prejuízo ou terá de pagar para depois receber, enquanto para a empresa o risco de perda é mínimo, visto que ela, nessa equação, pagará pelos produtos.

A obtenção de renda pela venda direta é mais vulnerável às constantes transformações das empresas capitalistas e do nível da atividade econômica; em grande parte, sua capacidade de geração está ligada à expansão do mercado, a modismos ou a fatores e momentos sociais. Estamos atravessando o período do culto ao corpo, à aparência e à beleza, permitindo que produtos e serviços voltados para esses fatores tendam a ser mais fáceis de se comercializar, gerando renda de forma mais rápida, o que contingencia um exército mais fácil de ser recrutado para as empresas produtoras desse segmento, sendo, por outro lado, mais atrativo para pessoas que precisam produzir renda em curto espaço de tempo e com baixo risco, visto que o capital utilizado é próprio, e provavelmente escasso.

Para o capital, trata-se de uma excelente forma de reduzir o custo do trabalho, utilizando-se a mão-de-obra por conta própria como forma de canal de distribuição e venda. O custo de distribuição porta a porta, para uma empresa, seria tão elevado que poderia comprometer o próprio negócio; em vez disso, a vendedora direta paga para levar e o capital agradece.

Tendo como base as pesquisas realizadas e analisando de forma cruzada a importância da renda obtida com a venda direta, o ganho real obtido e a renda familiar total, pode-se concluir que a renda provinda das vendas é complementar para a maioria dos entrevistados (76%). Essa renda está situada entre zero e três salários mínimos para aproximadamente 70% da amostra representativa analisada; é coerente com as informações obtidas durante as pesquisas secundárias realizadas, o que torna esse dado confiável.

Em relação à renda familiar, as pesquisas indicaram que essa é acima de cinco salários mínimos para 38%, e acima de dez salários mínimos para 26%. Calculando-se a média, pode-se concluir que a renda familiar é superior a oito salários mínimos, que, quando comparada com a renda obtida com a venda direta, ao redor de dois salários mínimos para a maioria, permite concluir que essa é responsável em média por 25% da renda familiar gerada.

Essa análise seria reducionista e incompleta se não fosse comparada com a amplitude e as observações realizadas no campo. A participação nos encontros de vendedoras nos permitiu conhecer o perfil da vendedora direta de forma mais detalhada.

Embora o fator complementação de renda seja enfaticamente o motivo principal que leva uma mulher, trabalhadora formal ou não, a exercer essa atividade, essa complementação tem uma amplitude bastante acentuada. A renda obtida é utilizada para o pagamento de despesas primárias com alimentação e moradia, passando medianamente pela utilização em despesas pessoais da vendedora (cabeleireiro, roupas, etc.), culminando com a simples renda gerada por intermédio da compra com desconto dos produtos para uso pessoal (conforme pesquisa, na qual é ressaltado o item "a renda obtida não faz falta").

Essa amplitude pode ser analisada pelo aspecto alternativo de renda rápida e do baixo risco de perda, de uma venda fácil, com pouco esforço, bastando colocar uma propaganda no elevador do prédio ou colando uma folha de papel no salão de cabelereira para começar a vender, o que permite que qualquer tipo de pessoa, independentemente da classe social ou do nível de escolaridade, possa vender, além de ser uma forma de complementação de renda, horários flexíveis, de realização pessoal e profissional, permite, pelo aproveitamento da rede de relacionamento das vendedoras, mesclando vida social e trabalho, a obtenção de renda sem exigir muita capacitação anterior.

Essa estratégia de atuação não é gratuita. Faz parte da lógica perversa do capital e de sua sedução que, enquanto diz: "Envolva-se, dedique-se, aproxime-se, cresça conosco", conforme vivenciado durante a pesquisa de campo, aproveita a rede de relacionamentos formada pelas vendedoras para vender e "reforçar seu exército" de prováveis vendedoras, lembrando que a maioria delas começa comprando os produtos para si e, depois, passa a se dedicar à venda, o que possibilita ao capital ganhar em todos os lados nessa relação: com as clientes finais e com as vendedoras.

Quanto ao aspecto da obtenção de renda, esse não pode ser tratado separado dos fatores perda salarial e exclusão social. As pesquisas realizadas indicam que, mesmo para as mulheres que trabalham formalmente, a renda vinda da venda direta é tida como importante forma de aumento de ganhos, possibilitando o aumento do poder de compra ou a utilização em fatores como "pagar a faculdade", já mencionados, o que caracteriza essa atividade como complementar, sem, contudo, ser encarada como "quebra-galho", conforme é evidenciado nas pesquisas realizadas. Para as que foram excluídas do mercado formal, a importância dessa renda é bem maior, conforme já foi exposto.

A relação afetiva
com os produtos e com a empresa

As empresas apropriam-se das virtudes dos trabalhadores, como atenção, persistência e dedicação, entre outras, e, num processo de incorporação, representam-nas como um produto da organização, enquanto aproveitam a dedicação e a coesão de identidade, na qual criador e criatura se confundem em um processo de mútua constituição, formando uma arena social imersa no ambiente, dele retirando e transmitindo normas e padrões de comportamento, considerados válidos em um dado contexto social, e que reconhecem valor social ao indivíduo ou grupo de indivíduos que se destacam e exercem um papel, constituindo o modo de ação em um processo de contínua interação e reciprocidade.

A partir desse conjunto de valores e dentro desse universo de significados, os indivíduos, ao desempenharem um conjunto específico de papéis sociais e ao concretizarem certos tipos de trabalho, obtendo resultados, legitimam-se frente a um determinado grupo e passam a ser considerados atores sociais válidos, recebendo reconhecimento de seus pares, e ocupando um certo espaço social em que passam a ser considerados importantes socialmente. Esse sentimento de reconhecimento fornece um determinado sentido e traz realidade para suas ações e para sua vida.

Cada universo de significação possui normas de comportamento, por meio das quais são definidos os papéis sociais próprios a esse universo, definindo e legitimando os comportamentos positivos e negativos para esse contexto social; o indivíduo encontra a medida de seu valor social nesse universo específico. Caso esse universo seja retirado, o indivíduo pode perder a referência e ter sua identidade abalada, situação comum entre os demitidos há muito tempo e excluídos socialmente.

O universo de significação e legitimação da vendedora direta está associado ao exercício de papéis voltados para o mundo doméstico, o que explica o fato de a principal motivação ser a afetiva, o apego ao produto, o relacionamento com a vizinhança e a venda por meio da amizade. O orgulho de exercer essa atividade está associado à virtude, à preocupação com as pessoas, com o cuidar de si e ensinar os outros a se cuidarem, com a solidariedade, a preocupação com a família, e a formação de amizades.

Cercada em rituais desenvolvidos pelas organizações de venda direta, que permitem a essas mulheres renovarem seus contatos sociais, aumentar seu "mundo doméstico", tirando muitas delas do isolamento social, na maioria das vezes causado pela exclusão social do mercado formal, a venda direta, além da renda, propicia a formação de laços sociais geradores de orgulho, do sentimento de pertencer a algo, de ser reconhecida e aceita.

O forte sentimento de orgulho pela organização que representa e os produtos que vendem, "dá gosto de trabalhar com eles", segundo as vendedoras diretas entrevistadas, associado a vendas e ao sucesso, faz com que as vendedoras lutem para obter resultado. As cerimônias, premiações e os encontros são ritos sociais importantes, que oferecem o sentido de sua ação e o universo simbólico em que apóiam sua identidade e seu trabalho, para a maioria entrevistada, o único ponto de apoio.

Esses fatores justificam o tempo de trabalho com a venda direta citado na pesquisa, superior a quatro anos para 58%, elevado tempo para uma profissional autônoma. Além disso, 58% encaram a atividade como a profissão da sua vida e 81% não a consideram um "quebra-galho" temporário.

A importância dada em ser uma "profissional de beleza e da saúde", de ter orgulho da empresa que representa e dos produtos que vende, a vontade de continuar com essa atividade por vários anos inserindo-a em seu futuro pessoal e profissional, demonstram a forte relação existente entre a empresa, seus produtos e a vendedora direta.

CAPÍTULO 8

ORGULHO, ATITUDE E EMPREENDEDORISMO

Em português, a palavra orgulho pode ter uma conotação positiva ou negativa: o termo pode ser empregado como sinônimo de soberba e arrogância, mas também para indicar dignidade ou brio. No contexto deste livro, e, sem dúvida para o universo da venda direta e de seus profissionais, o orgulho tem o sentido de dignidade, brio e conquista.

Orgulho está associado à capacidade de realizar, crescer, empreender e gerar resultado alicerçado a um sentimento elevado de dignidade pessoal. É mais que apenas uma recompensa financeira ou emocional pelas grandes realizações; é o motor que nos impulsiona a buscar nossas realizações.

Não é necessário esperar pelo sucesso para se orgulhar daquilo que se está fazendo e do motivo pelo qual se está fazendo. Algumas pessoas consideram que o orgulho dos próprios feitos é um ato de justiça para consigo mesmo, e que deve existir como forma de elogiar a si próprio, gerando o sentido de conquista do dia-a-dia. Isso é observado na maioria das vendedoras diretas que foram acompanhadas neste estudo, e é o que dá força para evoluir e conseguir um aprimoramento individual, rumo a um projeto de vida mais amplo e melhor.

Não se pode negar que as recompensas financeiras têm o poder de motivar. E como têm! Devemos refletir sobre essas recompensas, pois elas são limitadas a um horizonte de tempo normalmente de curto prazo, não garantindo o sentido de continuidade, visão de futuro e compromisso emocional que constrói o longo prazo e pereniza-se, e é isso o que é fundamental para dar um significado à própria vida.

Orgulhe-se

O "bom orgulho" deve somar significado e recompensas financeiras e emocionais, atreladas ao espírito empreendedor, de realização, construção e de conquista dessas realizações, gerando auto-estima por orgulharmo-nos do que fazemos, do que construímos no curto, no médio e no longo prazo.

Outro aspecto importante que deve ser considerado é a força do orgulho quando somada aos nossos valores: ela traz ética, sentido de dignidade superior e de propósito de vida. Devemos ter orgulho quando recusamos propostas que nos "atinjam de forma negativa na alma", simplesmente dizendo não a elas. Isso fortalece nosso caminho e dignidade, mantendo-nos alinhados e com força para continuarmos o processo de construção, objetividade e resultado. Quando esse sentido se instala, descobrimos, de fato, que somos capazes de muito mais do que acreditávamos ser, especialmente quando dizemos não para o que nos agride.

Nesse contexto, as organizações modernas só sobreviverão no longo prazo se fomentarem orgulho pelo trabalho que se realiza em cada pessoa de sua equipe, funcionários diretos ou não, como é o caso da venda direta, e isso gera sustentabilidade de negócio, não importando seu tamanho. Fazer com que as pessoas orgulhem-se de sua atividade, produtos e serviços está cada vez mais associado a uma fonte de motivação e resultados melhores, o que passa cada vez mais a ser atrelado a resultados de longo prazo e a formas de perpetuação. Dentro dessa abordagem, os valores também são a base de nossas escolhas. Fazemos e escolhemos algo que é importante para nós, e, dentro dessa visão, podemos ter a noção da possibilidade de escolha, do ponto de vista da filosofia, do valor em geral, e do que deve ser objeto de preferência ou escolha.

Orgulho e valores devem ser a base dos vínculos entre empresas e pessoas, e não podem ser encarados como projetos ou propostas isoladas. Vinculamo-nos a pessoas, empresas, causas e objetos que têm importância para nós. Quando transferimos isso para o mundo corporativo, encontramos uma complexidade maior à medida que os valores das empresas, e especialmente seu propósito, não estão claros, não são cumpridos, ou há uma falta total de compreensão por parte dos funcionários, resultando na falta de alinhamento entre grupos, times e pessoas, bem como o fracasso de manter as pessoas, vendas e resultados, notadamente em empresas que vivem de sua linha de frente, como é o caso da venda direta.

O sentimento intrínseco de orgulho, baseado na busca incansável de empreendimentos que valem a pena, é uma força motivacional duradoura e poderosa. Esse tipo de orgulho constrói a instituição e pode assumir muitas formas, em geral motivadoras.

Apesar do sonho de "ter a carteira de trabalho assinada", os dois anos de acompanhamento em campo da vendedora direta deram-me a dimensão real da importância desse tema para o contexto atual. O orgulho de pertencer e produzir uma atividade supera considera-velmente o vínculo formal de trabalho, pois é como se esse vínculo já existisse na maioria dos casos acompanhados. As vendedoras entrevistadas demonstraram esse enorme orgulho por seu trabalho, por servir as pessoas, pela forma de relacionamento que constroem, e por serem reconhecidas pelas instituições que representam. Sendo a venda direta uma profissão, é preciso ter disciplina, coordenação, controle, planejamento, sentir a produção e o resultado do que se faz. O sentimento de ser produtivo transcende o vínculo de se estar em um prédio, em uma empresa, de pertencer e de ter carteira assinada. As pessoas passam a ter um vínculo muito forte, passam a se sentir importantes, sentem seu desenvolvimento, capacidade de resultado e grande sentido de contribuição com a sociedade.

Historicamente, muitos vendedores tornaram-se empresários bem-sucedidos e construíram seus negócios a partir de um trabalho individual incansável. Hoje, essa determinação sadia, essa ambição por buscar resultados cada vez mais expressivos, característica de todo bom vendedor, é estimulada com premiações e campanhas de incentivo.

São as habilidades interpessoais desenvolvidas pelos vendedores, normalmente de forma autodidata, que fazem a diferença no sucesso, e por isso a importância de se ter atitude. Os vendedores são os responsáveis diretos pelo crescimento de demanda dos produtos e serviços que representam, em especial nessa época em que a concorrência em um mundo globalizado vem de todos os países, e que a qualidade dos produtos está equiparada na maioria dos desenvolvimentos; a diferenciação fundamental vem de fato pela capacidade de orgulhar-se do que se faz, de sorrir e sair para vender.

Se considerarmos que o termo "vender" é próximo a "negociar", podemos concluir que tudo é passível de se vender, inclusive idéias, imagens, comportamentos e estilo de vida; tudo no ambiente capitalista gira em torno de vendas, e isso se reflete em todas as áreas. Não por acaso, profissionais de informática, engenharia e economia, entre outras áreas, que jamais tiveram interesse no assunto, têm procurado desenvolver habilidades de vendas. Muitos têm migrado para essa atividade em definitivo.

A importância das vendas, do vendedor e, em especial, do vendedor direto, no cenário atual, é incontestável. Por isso, cada vez mais as empresas se preparam por intermédio de um arcabouço estratégico de ações para reconhecer o valor da sua equipe, lutar para retê-la, desenvolvê-la e mantê-la motivada sempre. Mais que um canal de vendas, o vendedor direto é, literalmente, a "alma do negócio".

Inspire o orgulho

Como destilar e instalar o orgulho nas pessoas? Como fazer com que a parceria entre empresa e autônomos seja foco de orgulho? Em primeiro lugar, é necessário estabelecer aspirações que toquem as emoções das pessoas. Sonhos impossíveis não são fonte de orgulho, pois ficam inatingíveis e intangíveis. É por isso que sempre digo: existe diferença entre termos uma visão de futuro que nos impulsiona e termos simplesmente uma ilusão ou, desastrosamente, uma alucinação. Ter uma visão é muito diferente de ter uma ilusão ou alucinação na construção da vida. A visão soma-se ao orgulho e permite que fatores intangíveis venham a se tornar tangíveis, para assim poder haver um sentido de construção e resultados.

Em segundo lugar, buscar um propósito significativo, ou seja, o que eu quero construir? Qual meu papel na vida? Quais são meus valores? Como faço as coisas? Qual meu papel social? Isso dá um sentido que supera até o cansaço e gera energia que envolve o entorno, supera a luta em si, e dá um enorme sentido em poder fazer a diferença no universo, independentemente de classe social, nível hierárquico, econômico e social. Especialmente no acompanhamento das vendedoras diretas, a inspiração do orgulho foi um de meus maiores aprendizados.

Em terceiro lugar, o orgulho é um grande cultivador de relacionamentos pessoais. As pessoas que sentem orgulho de si e do que fazem, independentemente do vínculo de ter carteira de trabalho assinada ou não, passam a ter um respeito maior por sua atividade, e esse é especialmente o caso da vendedora direta. Essa profissional consegue, em vários casos observados, influenciar toda a comunidade ao seu redor e ter muito mais que um papel de canal de distribuição. Muitas vezes, passa a ser um exemplo de atitude, um exemplo social, um exemplo de empreendedorismo, o que a torna um referencial de vitória e mobilização pessoal em sua comunidade. Apesar de todas as crises e de momentos de dificuldades do país vivenciados nas últimas três décadas, e atualmente em boa parte controlados, apesar da falta de valores (o que cada vez mais, em minha opinião, instala-se na sociedade brasileira), independentemente da camada social, a atitude somada ao caráter, à integridade, à cortesia e ao compromisso social gera uma mobilização extraordinária ao redor da vendedora direta.

Em quarto lugar, o orgulho cultiva o sentido de longevidade do caminho. À medida que a pessoa envelhece, talvez busque mais sabedoria e mais fonte de motivação, mas com certeza é o caminho de uma vida construtiva buscar mais sabedoria e felicidade em relação a todo esse processo.

O orgulho "bom" supera o orgulho "egocêntrico". O orgulho bom é aquele que vem de uma emoção maior. O egocêntrico é transitório e até arriscado, pois leva a fazer coisas erradas. O que está se discutindo aqui é aquele orgulho "intrínseco", ou "institucional", na relação entre pessoas e empresas. Ele pode assumir várias formas, mas, no fundo, motiva profundamente as pessoas pela essência; portanto, é mais forte, inclusive, que a emoção e que a mobilização.

O orgulho intrínseco faz com que as pessoas cresçam, sejam admiradas pela família, amigos, colegas, e pela comunidade ao redor;

ajuda a superar, na vida, as dificuldades de emprego, as dificuldades de exclusão social por idade, por currículo, por educação, etc. Mais que uma emoção passageira, a premissa fundamental é que, mesmo as empresas, com suas iniciativas, não obstante os vínculos que têm com seus funcionários, e a forma de geração de trabalho, devem desenvolver a capacidade de inspirar o orgulho em todos os que a cercam. O orgulho intrínseco ou institucional é o elemento motivacional mais importante para uma pessoa, para uma empresa e para que se alcance o sucesso e a realização.

Esse orgulho supera aquele momento de satisfação por termos feito algo produtivo, porque mostra o caminho para construir uma vida plena de realizações, sempre superando as adversidades naturais, que com certeza acontecem na vida de todos. É como se fosse um cabo de uma tomada, que fecha um circuito de energia que permite que você se sinta bem. Começa como uma antecipação de que seu melhor desempenho, sua luta e o sentido de realização trazem bem-estar; antecipa esse sentimento, e a antecipação gera uma energia positiva, que faz com que tudo conspire a favor para que você tenha sucesso, realização e um sentido de compromisso com a própria vida e com a obtenção de resultados melhores e de crescimento.

É necessário reforçar que me refiro ao orgulho intrínseco, do sentimento de dignidade pessoal, que gera altivez, que dá o sentido de valor, de gostar de si próprio e do que se faz, o que é totalmente diferente da vaidade e da arrogância. A vaidade, por definição, está associada à qualidade do que é vão, à presunção, à futilidade. Não é isso. A arrogância está associada à altivez de "eu sou bom", da insolência, do atrevimento. O orgulho é uma fonte de paz, que nos deixa tranquilos e sorridentes, na certeza de um sentido maior de contribuição que se dá ao universo.

Orgulho traz sucesso e resultado

O orgulho é o ápice da emoção que vem com o bom desempenho e com o sucesso, ou seja, ele traz consigo bons resultados em todas as atividades humanas. Isso acontece notadamente com pessoas empreendedoras e com empresas que permitem que o sentido empreendedor seja desenvolvido. As organizações construtoras de orgulho têm relação com as empresas feitas para durar, ou seja, aquelas que sobrevivem ao tempo. Segundo Jon Katzenbag (2003), as empresas construtoras de orgulho estudadas por ele nos últimos anos obtiveram resultados superiores aos esperados, sendo esse fato atribuído à capacidade de desenvolver e de instigar orgulho em seus empregados e "associados". Antes mesmo dos resultados promissores o orgulho é o fator fundamental para essas empresas.

Um dos principais motivos de se falar sobre o orgulho é que a motivação humana é móvel; o que nos motiva hoje pode mudar amanhã, e o fato de essa mudança acontecer significa que muitos fatores motivacionais podem se alterar durante nossa vida. Como as circunstâncias pessoais mudam ao longo do tempo, somos motivados por sentimentos e emoções diferentes em cada etapa da vida; portanto, cada um de nós define o sucesso de uma maneira diferente em cada momento, que para os jovens pode ser concluir a faculdade, para os pais pode ser formar seus filhos, e assim sucessivamente. As fontes de orgulho que nos motivam cobrem um espectro mais amplo. Quando esse leque é somado às ações das empresas com capacidade de inspirar orgulho em seus funcionários e colaboradores de forma mais abrangente, esse orgulho "institucional" favorece principalmente o sucesso de longo prazo, superando formas de orgulho egocêntrico de pessoas e resultados favoráveis para um grupo específico, mesmo aquele intrínseco à vida que é saudável, porque traz resultados e um sentido de realização. Mas o orgulho institucional soma os dois: o orgulho pelo que se faz e para quem se trabalha, a atividade, e para quem se presta o serviço. Pesquisas revelam que a somatória desses dois fatores traz vantagens competitivas para empresas e funcionários.

O orgulho institucional, somado ao profissional, abrange todos os níveis de uma organização, não estando atrelado somente a bônus ou resultado na alta cúpula ou à remuneração variável por resultado. Ele permite que se cresça em todos os níveis hierárquicos, permite obter uma posição e desenvolver uma aptidão e vontade pelo trabalho que se realiza, fazendo com que as pessoas passem a respeitar mais o que fazem e quem faz bem feito.

O orgulho é um dos vetores que nos estimulam a fazer bem feito; é o modo como se trabalha, e significa desenvolver, não dependendo de diplomas ou títulos, os aspectos fortes da vida. Por exemplo: eu só consigo trabalhar bem e produzir bem se eu tiver em primeiro lugar disciplina. A pessoa disciplinada consegue "construir seu resultado", estabelecendo limites, prazos, e administrando produtivamente seu tempo.

Pessoas com forte senso de orgulho alinham seus valores pessoais aos valores da instituição e não abrem mão deles. A maioria das pessoas, infelizmente, não desenvolve a aptidão instintiva para identificar e buscar fontes de orgulho por conta própria. Mas as pessoas que têm disciplina e senso de realização, além de a aplicarem constantemente em suas vidas, alinham os valores pessoais e institucionais, o que gera uma sinergia substancial. É a famosa parceria que todos buscam hoje, o "ganha-ganha". Isso cria um forte sentido ético. Por ter orgulho, a pessoa não se vende, não se corrompe, preferindo empreender e buscar a corromper-se ou violentar-se, não abrindo mão do orgulho que desenvolveu de si própria em primeiro lugar. Assim, o que a pessoa procura é uma empresa, um produto ou um serviço com os quais sua vontade pode ser manifestada.

Para concluir, o orgulho é uma aptidão que se adquire e que pode ser desenvolvida. Não se deve ter uma vida sem motivação e sem orgulho de si. E não precisamos ser tão bons quanto gostaríamos que fôssemos, ou que tivéssemos oportunidade de ser, mas com certeza podemos ter orgulho de nós ou do que fazemos, e isso é essencial para a vida.

Para resgatar o orgulho próprio

Reflexão: Indico, primeiramente, que se faça uma reflexão profunda para estimular a lembrança de todos os momentos que já superamos na vida e dos quais nos orgulhamos, ou seja, deixar claro o sentido maior de contribuição e de superação, lembrando que somos bons e que podemos construir cada vez mais.

Celebração: Celebrar cada conquista. Não é necessário que seja uma conquista material, mas também o nascimento de um filho, um abraço, um sorriso, um parabéns, um muito obrigado, algo bom que se fez a alguém. Lembre-se das brincadeiras, das pequenas vitórias na escola...

Estímulo: Devemos sempre estar estimulados por nossas conquistas e, se for necessário, tirar do nosso lado os céticos, aqueles que muitas vezes nos "puxam para baixo" e acham que vamos errar, que nada vai dar certo ou que não nascemos para isso. Essas pessoas não favorecem seu potencial para o sucesso.

Empreendedorismo, orgulho e relacionamento

Outro ponto de extrema importância que deve ser somado ao orgulho é o empreendedorismo. Quem tem orgulho do que faz é um empreendedor natural, e isso está presente nas boas vendedoras diretas. Para se diferenciar e atingir seus objetivos, as vendedoras, além de conhecerem bem o que vendem, crescem em razão direta de seu senso empreendedor.

Quem tem sentido empreendedor desenvolve a criatividade, e isso é nítido nos casos das vendedoras que buscam atender seus clientes de forma diferenciada, seja comprando os produtos mais vendidos para tê-los para pronta entrega, seja procurando novos nichos para expôr seus produtos, como grêmios de empresas, clubes e associações, seja dando brindes para suas boas clientes, como é o caso de uma moça que nunca havia vendido nada, mas que montou uma agenda em que desenha sua estratégia de vendas: *"Nessa agenda, anoto os nomes de cada cliente e o que cada uma comprou. Quando há uma oferta da linha que ela comprou, eu telefono e ofereço a oportunidade de comprar um novo item para completar a linha"*.

Algumas vendedoras diretas investem na compra de catálogos da empresa para enviar às melhores clientes, e ainda incluem bilhetinhos personalizados: *"As outras vendedoras compram pouco. Eu compro bastante, envio catálogos e quase sempre vendo diretamente"*.

Venda direta é marketing de relacionamento puro. Quem tem facilidade de se relacionar com pessoas é geralmente bem-sucedido nessa atividade. A venda direta faz parte da rede de varejo não tradicional das lojas, cuja base está nas várias formas de relacionamento. Em uma venda tradicional, o comprador tem de estar disposto a sair de casa quando quer comprar alguma coisa; na venda direta, isso não acontece, pois as vendedoras diretas vão à casa ou à empresa do cliente, que são locais em que as pessoas estão mais receptivas a comprar, pela própria informalidade da relação, e, mesmo que não estejam precisando de nada, acabam comprando algo que está em oferta. As vendedoras diretas acabam por estabelecer normas parecidas às do varejo, como se fosse um negócio com vida própria, com estratégia de relacionamento e força empreendedora. Ao mesmo tempo em que são criativas para se destacar das outras vendedoras, devem ser gentis e comunicativas, pois, afinal, estão entrando na casa das pessoas, e unindo seu nome ao de uma empresa forte. Essa atividade tem sido uma das que mais se desenvolve e amplia horizontes nos últimos anos, mesmo em momentos de crise na geração de emprego.

O orgulho e a perspectiva do futuro

O orgulho tira-nos do passado, constrói o presente e gera oportunidades para o futuro. Serve também para que possamos trabalhar nossas metas e objetivos, evitando, assim, desvios e perdas da visão e do sentido da construção futura. Esse sentimento reforça as atitudes do presente e permite fazer escolhas, ao mesmo tempo em que se faz renúncias. A escolha reforça o sentido de sucesso, de busca e de paixão pelo que se faz, e está sempre ligada ao propósito da vida no sentido de construção e do aprendizado com as lições cotidianas, e isso vem expresso na atividade da venda direta.

Isso não significa que se conseguirá atingir todos os objetivos, mas aprendendo as lições por esse caminho, as decisões tomadas conduzirão pela trilha adequada e não por uma que não leva a lugar algum, ou a uma direção totalmente oposta à qual se pretende chegar. Observe que trilha e trilho são diferentes. As trilhas são norteadoras da vida, da visão e do propósito, fomentadas por atitudes e orgulho. Por serem trilhas, elas têm certa largura, significando foco: foco na vida, foco nas ações, foco no orgulho pelo que se faz e busca diária de sucesso e conquista. A trilha na qual queremos construir nossas vidas traz consigo ações para o crescimento.

Atitude

O orgulho gera força para superação e para o trabalho duro, para se ter atitudes positivas. Atitude e orgulho significam assumir uma posição. A vida das vendedoras diretas, acompanhadas durante esta pesquisa, mostrou que estão pautadas nisso. A perseverança com que conduzem seus trabalhos, os sonhos explícitos em seus depoimentos, e a comemoração de cada etapa reforçam o caminho da trilha seguida, atrelada sempre a uma visão de futuro.

Para atitudes excelentes, resultados excelentes, com objetivos e metas dentro das trilhas excelentes. Da mesma maneira, para atitudes péssimas, o resultado será péssimo, fugindo da trilha escolhida por e para si. Atitude, orgulho, empreendedorismo e perseverança são sentimentos que só trazem para a vida a busca da conquista, o sentido de visão e objetivo a ser alcançado todos os dias como propósito de vida futura. Isso não quer dizer que seja fácil, mas qualquer fracasso não representa o fim da caminhada. O mais importante é tentar, todos os dias, sem perder o foco. O sucesso é um processo de busca diária rumo à conquista de nossa visão. Para concluir, acrescento a citação: "*Visão de futuro sem ação é sonho; ação sem visão é passatempo; visão com orgulho e atitude modifica o mundo*".

CAPÍTULO 9

A VENDEDORA DE SONHOS E O FUTURO

Cada vez mais as atividades ligadas ao capital vêm perdendo suas características regionais para adquirir um formato de reprodução internacional e global, causando impacto na sociedade, no trabalho, na sua divisão, na flexibilização e em novas formas de configuração da cadeia produtiva. A força desse movimento nos permite constatar que pelo menos as primeiras décadas do século XXI ainda serão a era do capitalismo global.

O choque entre o capitalismo e o comunismo acabou, e os vencedores têm se fixado em como tornar o mundo um lugar eficiente e seguro para os negócios. Segundo revistas especializadas empresa como a fabricante de tênis Nike produz na Indonésia com mão-de-obra remunerada a 38 dólares ao mês, Wal-Mart e Sears, grandes varejistas, confeccionam roupas nos países islâmicos para vender ao mundo pagando às costureiras um salário mensal ao redor de 30 dólares. A italiana Benneton utiliza esse mesmo processo, e as multinacionais agora são capazes de combinar alguns dos mais baixos salários em determinados países do mundo com a mais alta espécie de eficiência tecnológica na produção.

Enquanto isso, a concentração de riqueza cresce. O conjunto dos bilionários que há no mundo tem a renda da metade mais pobre da população mundial, que, a despeito das conquistas tecnológicas, despencam rumo ao calabouço da miséria absoluta e estrutural, enquanto sonham um dia poder sobreviver e comprar o mínimo do que produziram.

A força especulativa do capital e sua capacidade de jogar geraram, entre outros fatores, a perda de renda dos assalariados em vários países, cujos rendimentos têm caído sistematicamente, fazendo surgir em escala mundial formas alternativas de obtenção de renda, como é o caso da venda direta.

Na atualidade, torna-se um enorme desafio para os governos, inclusive dos países desenvolvidos, manter ações voltadas para o bem-estar social, equilibrando o envelhecimento populacional, a necessidade de maior geração de caixa para a seguridade social, receitas que minguam, despesas futuras e informalidade crescente.

O desenvolvimento e geração de ações que recuperem as premissas do bem-estar social fazem com que governos vacilem entre a aprovação de novas políticas, a impopularidade do aumento de impostos para os cidadãos, e o receio de que uma maior carga tributária para as empresas levem o capital para outros "paraísos" mais interessantes.

Nesse cenário de complexidade que rege o mundo atual, as economias abertas e cada vez mais integradas geram um ambiente competitivo internacional, em que países como o Brasil, ainda extremamente dependentes de capital externo, pouco conseguem se impor frente a protecionismos e especulações do capital.

Se durante a crise dos anos 1980 a taxa de desemprego era em média de 6,5%, existia também uma alta rotatividade da mão-de-obra, especialmente para os trabalhadores menos qualificados, bastava uma pequena *aquecida na economia* para o emprego ser retomado, o tempo médio de desemprego era entre três e cinco meses, e era encarado como transitório, dependendo das características da economia vigente e do plano econômico; chegávamos a pagar "ágio" na compra de automóveis e utensílios domésticos, e a produção era rapidamente retomada.

Essas preocupações são sustentadas sobre a premissa iniciada a partir dos anos 1980, aprofundada durante os anos 1990, e crescente a partir do início dos anos 2000. Estamos vivendo uma crise de formalização do emprego, com o crescimento constante da informalidade na economia, podendo-se afirmar e já constatar o avanço da informalidade no mercado de trabalho brasileiro sobre o formal.

A internacionalização do capital reduz a quantidade de trabalho e afeta diretamente o mercado de trabalho que se encolhe e fica mais seletivo, acentuando a tendência de exclusão social dos menos aptos. Aqueles que tiverem maior capacidade de adaptação a novas situações e formação cultural superiores serão os mais aptos a adquirir novos conhecimentos e portanto de se adaptar a um mundo flexível, mas serão uma minoria. Para a maioria, o quadro futuro que se desenha é o da informalidade, a impossibilidade do pagamento de impostos e contribuições sociais, a pouca competitividade para o mercado de trabalho e a insegurança quanto ao futuro.

O fato real é que o Estado contemporâneo não consegue ser mais o provedor do pleno emprego, e nem as corporações transnacionais. Portanto, o trabalho formal continuará minguando e esse cenário abre um espaço que é confortavelmente ocupado pela atividade da venda direta.

Nesses anos de acompanhamento da vendedora direta, especialmente as que não possuem trabalho formal, pude constatar a insegurança, fragilidade e preocupação quanto ao futuro. Conforme entrevistas, pesquisas realizadas e apresentadas, possuir um trabalho, seja de venda direta, significa ter direito a remuneração, à dignidade, identidade, cidadania, afastando sentimentos de menosprezo, descarte e ao não aproveitamento da experiência acumulada, especialmente para as mulheres com mais idade.

Apenas quando está vinculado a uma vida associativa o indivíduo aprende a discutir, a tomar decisões e a assumir responsabilidades. É preciso fomentar todas as formas de associações como elo, sentimento de pertencer a algo, cidadania e fomento da sensação de contribuição, de que não fomos feitos para ficar isolados, de que precisamos pertencer a alguma coisa ou a alguém. A sociedade moderna não conhece os vizinhos, e, se não pertencemos a nada, a razão de qualquer esforço é difícil de ser encontrada.

A venda direta, sem dúvida, é uma atividade que colabora com esse resgate.

Crescendo em média 18% ao ano e com forte potencial a ser desenvolvido, essa forma de trabalho consegue se adequar a cada tipo de mercado e perfil regional, por se tratar de uma atividade eminentemente relacional, que gera vida associativa e empreende-dorismo, integrando e resgatando àqueles especialmente sem opções o orgulho de ter uma profissão.

Os encontros para o lançamento das novas campanhas de vendas são verdadeiros resgates ao sentimento de sermos brasileiros, os rituais realizados, os sorteios e os aplausos dados motivam, geram a alegria da vida (para a maioria, o único lugar em que foram aplaudidas). As ações sociais desenvolvidas e apoiadas pelas empresas que envolvem as vendedoras diretas nesse processo servem como ação social e resgate de cidadania.

A constituição do trabalho como um valor central da vida está ligada à firme convicção de que todos os membros capazes devem trabalhar e deveriam também gostar de trabalhar, fundamentando o trabalho na base de uma vida plena de realização e significado, gerando expectativas quanto ao futuro e sua construção como objeto central da própria existência.

Ninguém quer passar pela vida em branco, todos querem deixar marcas no universo durante sua passagem, todos querem ser dignificados pela contribuição. É o caso da venda direta que propicia essa realização dentro de sua esfera de atuação. O sentimento de ser útil como vendedora direta, de levar bons produtos, possibilitar que as pessoas se tornem mais bonitas, de se relacionar e de ter uma profissão foi o fator mais observado como o orgulho para o exercício desse trabalho, mesmo que informal, mas que supre a necessidade de ser útil e de servir.

Para que o trabalho continue sendo um valor central da vida, é necessário que ele seja uma escolha, e não uma falta de opção. Cada vez mais a atividade da venda direta vem se tornando uma verdadeira e real opção, e não uma atividade substitutiva. Os encontros, as mensagens o sentido de contribuição, o forte sentimento de continuidade com essa atividade nos próximos anos, junto à baixa necessidade de qualificação necessária inserem, mesmo que de maneira informal, essas mulheres no âmbito produtivo e social, dignificando-as em sua existência e em sua presença na comunidade enquanto geram trabalho e renda.

O trabalho sempre desempenhou o papel de condutor para a cidadania, e estar desempregado não é o fato em si mais grave, mas o sentimento de exclusão, vergonha e marginalização social que deterioram a própria sociedade. Se a sociedade elegeu o trabalho como valor maior, e se esse trabalho está em crise, pode-se dizer que essa crise é da própria sociedade. Mas se há opções que restabelecem esses valores, pode-se dizer que a venda direta ocupa esse papel.

Quanto ao futuro, sou otimista, não por acreditar em governos ou no capital, mas por acreditar na força da vida, da capacidade de resposta e de resultado que presenciei durante os dois anos e meio em que acompanhei diariamente as vendedoras diretas. Sua determinação e força de vontade servem de exemplo para qualquer político e profissional. Batendo de porta em porta, trocando cartões, expondo seus catálogos no trabalho, em salões de cabelereiro, para as amigas e vizinhos, lá vão elas construindo seu trabalho e sua renda enquanto participam de projetos sociais, demonstrando em todos os sentidos a força empreendedora e a vontade de vencer.

Esse é o verdadeiro sentido da vida: a capacidade de contornar adversidades, superar e contribuir tendo sempre na mente, no coração e na alma, o futuro como um processo em construção, aberto a todos e para todos que quiserem ter uma vida mais dignificante e feliz.

É importante continuarmos a conhecer esse trabalho, hoje executado por quase 2 milhões de brasileiros, que cresce a cada ano a despeito das crises do trabalho e da economia brasileira. É preciso conhecer para poder amparar e desenvolver mecanismos de proteção a esse trabalho e aos demais trabalhos informais.

Enquanto isso, a vendedora segue sua rotina, envolvendo sua vizinhança, visitando clientes, vendendo no trabalho, participando dos encontros. Lá vai nossa *vendedora de sonhos*, típica mulher brasileira, empreendedora, guerreira, como é chamada, e transbordante de orgulho, na busca de ideais e de sua realização, enquanto sonha, como nós, com a construção de um país e de um mundo mais justo, digno e com maiores oportunidades para todos.

REFERÊNCIAS BIBLIOGRÁFICAS

ADORNO, S. (org.) *A sociologia entre a modernidade e a contemporaneidade.* Caderno de Sociologia. Rio Grande do Sul: IFCH/UFRGS, 2000.

ALMEIDA, A. R. *A idéia de corpo:* suas relações com a natureza e os assuntos humanos. São Paulo: Cortez, 1999.

ANDERSEN, G. E. O futuro do *welfare state* na nova ordem mundial. *Revista Lua Nova.* São Paulo: CEDEC, 1995.

ANTUNES, R. *Os sentidos do trabalho* – ensaio sobre a afirmação e a negação do trabalho. São Paulo: Boitempo, 1999.

ABEVD – Associação Brasileira de Empresas de Vendas Diretas. *Informações 2005.* São Paulo, 2005.

ABIHPEC – Associação Brasileira da Indústria de Higiene Pessoal, Cosméticos e Perfumaria. *Principais mercados consumidores.* São Paulo, 2004.

BERRY, K. *Garantindo oportunidades para as mulheres na nova economia global:* trabalho feminino e cidadania. São Paulo: Humanitas, 2000.

BUITONE, G. L. *Vendendo sonhos* – como deixar qualquer produto irresistível. São Paulo: Negócio Ed., 2000.

CARNEIRO, A. *Redes de subcontratações e trabalho a domicílio.* Caderno 17 e 18, PAGU. São Paulo: Unicamp, 2002.

CARREIRA, D. *A liderança feminina no século XXI.* São Paulo: Cortez, 2001.

CASTELLS, M. *A sociedade em rede.* São Paulo: Paz e Terra, 3. ed, 2000.

CASTELLS, M. *O poder da identidade.* São Paulo: Paz e Terra, 2000.

CATTANI, A. D. *Trabalho e autonomia.* Petrópolis: Ed. Vozes, 2000.

CIC/ESOMAR – Câmara Internacional do Comércio/Sociedade Européia de Pesquisa de Opinião Pública e de Mercado. *Código Internacional de Pesquisa Social de Mercado.* Associação Brasileira das empresas de Pesquisa de Mercado. São Paulo, 1989.

DIEESE – Departamento Intersindical de Estatística e Estudos Sociais. A mulher chefe de domicílio e a inserção feminina no mercado de trabalho. *Boletim,* mar. 2004.

DIEESE – Departamento Intersindical de Estatística e Estudos Sociais. Oito de março – Dia Internacional da Mulher. *Boletim,* 2005. Edição Especial.

DUPAS, G. *Economia global e exclusão social* – pobreza, emprego, estado e futuro do capitalismo. São Paulo: Paz e Terra, 2000.

DWECK, R. H. *A beleza como variável econômica* – Reflexo nos mercados de trabalho de bens e serviços. Rio de Janeiro: IPEA, 1999.

ETCOFF, N. *Lei do mais belo:* a ciência da beleza. Rio de Janeiro: Objetiva, 1999.

EXAME. São Paulo: Ed. Abril, ano 37, n. 15, ago. 2003.

EXAME. São Paulo: Ed. Abril ano 38, n. 5, mar. 2004.

FIESP – Federação das Indústrias do Estado de São Paulo. *Pesquisa econômica e nível de emprego* – 2002. Disponível em: <http://www. fiesp.org.br>. Acesso em: 15 dez. 2004.

FONSECA, T. M. *Gênero, subjetividade e trabalho*, São Paulo: Ed. Vozes, 2000.

FREITAS, M. E. de. *Cultura organização:* identidade, sedução e carisma. Rio de Janeiro: Ed. Paz, 2000.

GADE, C. *Psicologia do consumidor e da propaganda.* São Paulo: EPU, 2001.

GIDDENS, A. *As conseqüências da modernidade.* São Paulo: Ed. Unesp, 1991.

GIDDENS, A. *Conversando com Anthony Giddens.* Rio de Janeiro: Ed. FGV, 1998.

GIDDENS, A. *Modernização reflexiva, política, tradição e estética na ordem social moderna.* São Paulo: Unesp, 1995.

GUIMARÃES, N. A. *Laboriosas, mas redundantes:* gênero e mobilidade no trabalho no Brasil dos 90. Brasília: Estudos Feministas, 2001.

HANDY, C. *A era do paradoxo* – dando um sentido para o futuro. São Paulo: Makron Books, 1995.

HARVEY, D. *Condição pós-moderna.* 6. ed. São Paulo: Loyola, 1996.

HAUG, W. F. *Crítica da estética da mercadoria.* São Paulo: Unesp, 1996.

HELLER, A. *O cotidiano e a história.* 6. ed. São Paulo: Paz e Terra, 2000.

HELOANI, J. R. Organizações qualificantes ou neurotizantes? In: *Pro-Posição,* v. 8, n. 3. São Paulo: Unicamp, 1999.

_____. *Gestão e organização no capitalismo globalizado* – história da manipulação psicológica no mundo do trabalho. São Paulo: Ed. Atlas, 2003.

HIRATA, H. Os mundos do trabalho. In: Casari et al. *Empregabilidade e educação:* novos caminhos no mundo do trabalho. São Paulo: EDUC, 1997.

HIRATA, H. *Nova divisão sexual do trabalho:* um olhar voltado para a empresa e sociedade. São Paulo: Boitempo, 2002.

HOBSBAWM, E. *Era dos extremos.* O breve século XX. São Paulo: Companhia das Letras, 1998.

IANNI, O. *Teorias da globalização.* Rio de Janeiro: Civilização Brasileira, 1997.

IBGE – Instituto Brasileiro de Geografia e Estatística. *Perfil das mulheres responsáveis pelos domicílios no Brasil.* Estudos e Pesquisas. Rio de Janeiro, 2002.

IBGE – Instituto Brasileiro de Geografia e Estatística. *Perfil das mulheres responsáveis pelos domicílios no Brasil 2000.* Departamento de População e Indicadores Sociais. Estudos e Pesquisas. Rio de Janeiro, 2002.

IBGE – Instituto Brasileiro de Geografia e Estatística. *Evolução dos pequenos empreendimentos na área urbana.* Brasil, 1997/2003. Estudos e Pesquisas. Rio de Janeiro, 2004.

IBGE – Instituto Brasileiro de Geografia e Estatística. Pesquisa mensal de emprego. Região Metropolitana de São Paulo. *Boletim.* São Paulo, abril de 2005.

INSS – Instituto Nacional de Seguridade Social. O Aumento das despesas do INSS com auxílio doença. *Boletim de competência,* n. 66, set. 2004.

IPEA – Instituto de Pesquisa Econômica Aplicada. Emprego e renda. *Boletim de competência,* n. 68, mar. 2005.

JAKOBSEN, K. (Org.) *Mapa do trabalho informal;* perfil socioeconômico dos trabalhadores informais na cidade de São Paulo. São Paulo: Fundação Perseu Abramo, 2000.

JOHNSON, A. G. *Dicionário de sociologia* – guia prático da linguagem sociológica. Rio de Janeiro: Zahar Ed., 1997.

KON, A. *Economia de serviços* – teoria e execução no Brasil. Rio de Janeiro: Ed. Campus, 2004.

KOTLER, P. *Administração de marketing*. 4. ed. São Paulo: Ed. Atlas, 2001.

LACERDA, A. C. Globalização, reestruturação produtiva e emprego. *Caderno PUC Economia*, n. 7. São Paulo, nov. 1998.

LEFÈVRE, F. & LEFÈVRE, A. M. C. *O discurso do sujeito coletivo* – um novo enfoque em pesquisa qualitativa (desdobramentos). Caxias do Sul: EDUCS, 2003.

LEFÈVRE, F. et al. *O discurso do sujeito coletivo* – uma nova abordagem em pesquisa qualitativa. Caxias do Sul, EDUCS, 2000.

LEONE, E. T. *Renda familiar e trabalho da mulher na RMSP nos anos 80 e 90*. São Paulo: Ed. 34, 2002.

_____. *Empobrecimento da população e inserção da mulher no mercado de trabalho na RMSP*. Crise e trabalho no Brasil. São Paulo: Ed. Scritta, 1997.

MARX, K. *O capital* – crítica da economia política. 19 ed., v. 1 e 2. Rio de Janeiro: Civilização Brasileira, 2002.

MATTAR, F. N. *Pesquisa de marketing*. São Paulo: Atlas, 1996.

MATTOSO, J. *A Desordem do trabalho*. São Paulo: Scutta, 1995.

MELLO, A. F. de. *Marx e a globalização*. São Paulo: Ed. Boitempo, 2001.

MENGE, G. L. *Venda Direta:* a recuperação de valores sociais em benefício da eficiência. São Paulo: CABUED, 2003.

MINTZBERG, H. *Criando organizações eficazes* – estruturas em cinco configurações. São Paulo: Ed. Atlas, 2000.

MONTAGNER, P. O desemprego e suas faces. *Caderno PUC de Economia.* São Paulo: EDUC, 1998.

MOREIRA, W. *Qualidade de vida, complexidade e educação.* São Paulo: Ed. Papirus, 2001.

MUNANGA, M. *Mudando o mundo:* a liderança feminina no século XXI. São Paulo: Ed. Cortez, 2001.

NATURA. *Relatório Anual Natura,* 2003.

OFFE, C. *Capitalismo desorganizado.* São Paulo: Brasiliense, 1985.

PASSOS, A. F. *Mercado de trabalho:* evolução recente e perspectiva. IPEA. Nota Técnica, n. 26, fev. 2005.

POCHMANN, M. *O emprego na globalização.* São Paulo: Boitempo, 2001.

PORTER, M. *Competição.* Estratégias competitivas essenciais. São Paulo: Campus, 1999.

QUEIROZ, M. I. *Variação sobre a técnica do gravador no registro de informações vivas.* São Paulo: CERU e FFCH – USP, 1983.

RIBEIRO, J. *Venda porta a porta –* uma profissão de sucesso. São Paulo: Madras, 2001.

RICHARDSON, R. J. *Pesquisa social, métodos e técnicas.* São Paulo: Ed. Atlas, 1999.

RICHERS, R. *Surfando as ondas do mercado.* São Paulo: RR&CA, 1996.

SALERNO, M. S. (Org.) *Relação de serviço –* produção e avaliação. São Paulo: Senac, 2001.

SANT'ANNA, D. B. *As infinitas descobertas do corpo.* Caderno 14, PAGU. São Paulo: Unicamp, 2001.

_____ .*Corpo e história.* São Paulo: EDUC, 1994.

_____. *O prazer justificado*. São Paulo: Marco Zero, 1992.

SANTOS, B. de S. (Org.). *A globalização e as Ciências Sociais*. São Paulo: Cortez, 2002.

SEADE. *Mulher e trabalho*: análise de dados sobre emprego em 2002. Disponível em: <http://www.seade.gov.br/mulher/boletim>. Acesso em: 12 maio 2004.

SEADE. *Mulher e trabalho*. Publicação trimestral, mar. 2004. Disponível em: <http://www.seade.gov.br/mulher/boletim>. Acesso em: 17 fev. 2005.

SEADE. *Pesquisa de emprego e desemprego*. Disponível em: <http://www.seade.gov.br>. Acesso em: 21 abr. 2005.

SEBRAE. *Estatística das empresas informais*. Disponível em: <http://sebrae.org.br>. Acesso em: 15 dez. 2004.

SELTTIZ, C. *Métodos de pesquisa nas relações sociais*. São Paulo: EPU, 1987.

SENNET, R. *A corrosão do caráter, conseqüências pessoais do trabalho no novo capitalismo*. Rio de Janeiro: Ed. Record, 2001.

SILVA, A. M. *Corpo, ciência e mercado* – reflexões acerca de um novo arquétipo da felicidade. Campinas: UFSG, 2001.

SILVA, J. P. A crise da sociedade do trabalho em debate. *Revista Lua Nova*, n. 35, São Paulo, 1995.

SINGER, P. *Força de trabalho e emprego no Brasil*. Mapa do trabalho Informal na RMSP, 1991.

SOARES & ISARI. K. *A participação feminina no mercado de trabalho*. Texto para discurso, n. 323. Rio de Janeiro: IPEA, dez. 2002.

SOARES, S. *A participação feminina no mercado de trabalho*. Rio de Janeiro: IPEA, 2002.

TAGLICARNE, G. *Pesquisa de mercado:* técnica e prática. 2. ed. São Paulo: Ed. Atlas, 1976.

TEBOUL, J. *A era dos serviços.* Rio de Janeiro: Qualitymark, 2002.

TEIXEIRA. L. A. *Gestão, trabalho e cidadania.* Novas articulações. Belo Horizonte: Ed. Autêntica, 2001.

URANI, A. Crescimento e geração de emprego e renda no Brasil. *Revista Lua Nova,* n. 35. São Paulo, CEDEC, 1995.

VASCONCELOS, F. C. Identidade, legitimação social e teoria organizacional: contribuição de uma análise sociológica de gestão de pessoas – O caso Natura. *Revista Paz,* v. 10, n. 27, maio/ago. 2003.

VEJA. São Paulo, ano 37, n. 1, jan. 2004.

VEJA. São Paulo, ano 37, n. 19, maio 2004.

WAUTIER, A. M. *A construção identitária e o trabalho nas organizações associativas.* Ijuí, RS: Ed. Unijui, 2001.

ZARIFIAN, P. *Trabalho e sociedade:* valor, organização e competência na produção de serviço. São Paulo: Ed. Senac, 2001.

Para conhecer outros títulos,
acesse o site **www.alaude.com.br**,
cadastre-se, e receba nosso
boletim eletrônico com novidades.